LECTURA PARA PENSAR

NORMA ESTELA FERREYRA

1

2

Lo que diferencia al hombre
de otro ser vivo… es su
capacidad para pensar

El genocidio de 140 millones de esclavos africanos en la época colonial

Sylvia Ubal
iglesia catolica
Junio 23-2008

El esclavismo subsiste en el Siglo XXI

Desde comienzos del siglo XVI hasta mediados del siglo XIX tiene lugar el más absoluto de los silencios, el genocidio de 140 millones de esclavos africanos. Uno de los más crueles de toda la historia humana, donde hombres, mujeres y niños fueron raptados de sus aldeas, encadenados y trasladados en barcos negreros rumbo América. En sólo un instante esas vidas vieron cambiar su valor y se convirtieron en mercancía objeto de compraventa.

A partir del 12 de octubre de 1492, se produjo la conquista del territorio americano y la mano de obra indígena fue sometida, para el duro trabajo en los campos y en las minas. Los indígenas fueron destruidos por pestes y por el duro trabajo sin   descanso.

Al comenzar a escasear esta mano de obra, prácticamente gratuita hubo que recurrir a su reemplazo por otros, igualmente sin costo remunerable y así se llegó a importar esclavos africanos. Esto fue bien visto por los colonizadores, incluso aquellos que se decían humanistas, como los evangelizadores, entre ellos, Fray Bartolomé de las Casas, que pugnó por el buen trato a los indígenas, vio con la llegada de los negros esclavos, un alivio para los pobladores locales.

En el año 1518 llegaron los primeros cuatro mil negros esclavos que venían del sur del desierto de Sahara, estos fueron llevados a los primeros asentamientos de esclavos en la zona del Caribe y al Brasil.

Los negros esclavos, eran comprados con productos, tales como tabaco, ron y armas, para luego ser trasladados en condiciones infrahumanas hacia América, encadenados y hambrientos, muriendo aproximadamente la mitad de ellos en la travesía. Las riquezas mineras de América y sus materias primas, explotadas por los mismos esclavos, servían de pago a los comerciantes de esclavos (negreros). Esto se llamó comercio triangular (Entre América, Europa y África).

Entre los siglos XV y XVII, los mayores exportadores de esclavos fueron los portugueses, que los traían desde el Congo, lugar próspero al que habían llegado en 1483. A partir del siglo XVII los ingleses, franceses y holandeses ocuparon el primer lugar en el comercio esclavista.

En el siglo XVIII luego de la Guerra de Sucesión Española se establecieron empresas inglesas, holandesas y francesas, dedicadas al tráfico de esclavos. La Compañía Francesa de Guinea y la Inglesa British South Sea Company lograron monopolizar el tráfico. La Compañía inglesa tuvo su centro de distribución en la isla de Jamaica, las francesas en Haití y las holandesas en las Antillas, quedando el Caribe como eje central del comercio esclavista.

El esclavismo subsiste en el Siglo XXI en varios países de América

Ejemplo de esta realidad es, entre otros países Estados Unidos en el que cada año más de 20 mil personas son víctimas del esclavismo. Se trata, sobre todo, de personas que son traídas con falsas promesas y que terminan como prostitutas o en trabajos forzados.

Según la ONU, doscientos cincuenta millones de personas viven en situación de esclavitud. De ellas, ciento cincuenta millones son niños. Las víctimas son las mismas que hace siglos, personas que viven en situación de esclavitud; servidumbre por deudas, explotación sexual, salarios ínfimos, reclutamiento forzoso, niños trabajadores o soldados, matrimonios forzados.

El objetivo que se persigue no ha variado: sigue siendo el poder y el dinero.

En Bolivia grandes hacendados de los departamentos de Chuquisaca, Tarija y Santa Cruz, tienen desde hace varias décadas, cientos de familias enteras guaraníes, viviendo bajo un sistema de servidumbre y esclavitud basado en la sobreexplotación de la fuerza de trabajo familiar, trabajan desde las 6 de la mañana a 9 de la noche, sin derechos, sin tierras, sin recibir un pago justo. Los pagos en su mayoría se hacen en especie y no en dinero, con cuentas que se transmiten de generación en generación. Las condiciones precarias de trabajo y por consiguiente de vida de familias guaraníes sometidas a una situación laboral signada históricamente por el abuso y por la marca de la servidumbre y el patronazgo, que las ha hecho cautivas en su propia tierra, son prácticas aún vivas en el Chaco boliviano, como si el tiempo, y la modernidad, nunca hubieran pasado por esas tierras.

Y con ellos ancianos y niños que trabajan, sin pago alguno y sin acceso a los derechos básicos como la educación, la sanidad, la libertad de movimiento y a la propiedad de la tierra. La esclavitud en el Chaco también se extiende a los niños. Las niñas comienzan como domésticas en las haciendas y luego se quedan como cocineras, mientras que los varones inician como mozos de mano, es decir, realizan mandados menores para los hacendados y luego, de grandes, trabajan la tierra. En la mayoría de los casos, no reciben pagos por sus trabajos, la escuela está prohibida para estos niños, así como salir de las haciendas.

Balderas es un líder indígena guaraní que hasta su adolescencia trabajó como peón en una de estas haciendas bajo un régimen de explotación laboral. Pero tuvo la suerte de poder estudiar y conseguir a través de la educación esa libertad que cientos de familias de su pueblo aún anhelan.

La situación de los guaraníes en el sur de Bolivia es vista con preocupación por organismos internacionales como la Comisión Interamericana de Derechos Humanos (CIDH), la Organización de Estados Americanos (OEA) y Organizaciones No Gubernamentales (ONG).

Fortunato Silva y Victoria Méndez, padres de ocho hijos, por su parte reciben por sus faenas uno o dos kilos de arroz en la hacienda de Crispín Pérez, también ubicada en Huacareta, y que si piden arroz adelantado, es descontado al final del mes, la Sra. Victoria que realiza labores domésticas dijo: "nunca me han pagado, ni un centavo", asombrosamente se reproduce una situación que se creía desaparecida, y hay reportes de trabajadores que reciben latigazos si no cumplen con su tarea. Si bien esto no es generalizado, existen casos y documentos con vídeos que sí ocurren y corroboran esta infamación.

Algunos "cautivos", incluso, duermen en galpones y no pueden salir de la hacienda. "Los patrones prohíben que las familias que viven en sus haciendas se comuniquen con organismos y les coartan la educación o las condiciones sanitarias mínimas", denunció Justo Molina, presidente del Consejo de Capitanes de Chuquisaca, quien denunció la "violación de los derechos humanos" que viven numerosas personas de su comunidad y explicó que el 90 por ciento de esta población es analfabeta.

Los llamados "ajustes" son el resultado de la suma en la que se consignan ítems como "adelantos" o "pedidos" de víveres para comer, que por lo general arrojan cifras exuberantes para los empleados guaraníes, por lo que terminan con deudas en lugar de ganancias, las mujeres ganan la mitad que los hombres cuando les pagan, los niños y los ancianos la mayor parte de las veces no ganan nada.

El relator especial de Naciones Unidas (1) sobre los Derechos Humanos y Libertades Fundamentales de los Indígenas, Rodolfo Stavenhagen, que cumpliendo con una invitación oficial de Evo Morales, el primer Presidente indígena del Latinoamérica, y se reunió con varios miembros de su gabinete e hizo conocer su preocupación por el alto nivel de racismo contra los campesinos e indígenas bolivianos. Tras sostener una reunión con el presidente Evo Morales en Palacio Quemado, en La Paz, Stavenhagen señaló que en sus días de permanencia en el país ha conocido que aún algunos pueblos indígenas viven en estado de esclavitud, que las mujeres indígenas son las más discriminadas puesto que no tienen acceso a la educación como tampoco a una atención médica.

En su reunión con el Primer Mandatario, el relator de la ONU dijo que Evo Morales le expresó su compromiso para defender los derechos de todos los pueblos. Stavenhagen felicitó al Jefe de Estado por haber promulgado como Ley de la República la declaración Universal de los Derechos de los Pueblos Indígenas que fue aprobada por 143 votos el 13 de septiembre 2007 en la ONU. "Esto es algo importante y lo felicitamos (al presidente) porque es el único país que ha ratificado la declaración y la ha incorporado a su legislación interna", agregó.

La esclavitud que vivimos en nuestro tiempo, no es un fenómeno individual, como señala Manos Unidas en su informe (2) "La esclavitud hoy, un problema de nuestros días", sino que tiene un carácter social y colectivo. "La esclavitud actual sigue siendo un fenómeno social que afecta a determinados grupos de población, que se produce en determinados países".

"Los derechos humanos han sido relegados, como lo explica la periodista de la Agencia de Información Solidaria (AIS) Marta Caravantes, que según declaración de alguien con nombre y apellido, pero por seguridad en un caso concreto no se puede dar nombres, dijo: "Primero te quitan la dignidad, te hacen sentir miserable, que no vales nada. Dejas de ser persona. No tienes poder de elección sobre tu propia vida. Pasas a ser una mercancía que pertenece a un amo. Te sitúas en una especie de limbo jurídico donde no existen los derechos más elementales. Puedes ser comprado y vendido. Eres una especie de marioneta cuyos hilos son movidos por unos individuos que deciden por ti el resto de tu vida…""

Las empresas multinacionales que se implantan en los países pobres para lograr un abaratamiento de los costos de producción. La oferta que los gobiernos del Sur plantean a las multinacionales se basa en la posibilidad de explotar mejor a sus ciudadanos, de pagarles los salarios más bajos, con contratos más precarios y condiciones laborales indignas. Ese es el eslogan de quienes se preocupan más por atraer inversiones y lucir cifras macroeconómicas que por mejorar el nivel de vida de la población.

El gobierno mexicano por ejemplo, está conforme de que el comercio con EEUU se haya duplicado desde la entrada en vigor del Tratado de Libre Comercio. El reclamo para atraer la inversión extranjera es por supuesto la mano de obra barata. Así, el país cuenta por un lado con una importante entrada de capital extranjero y por otro, tiene a un pueblo cada vez más empobrecido que ha perdido más del 34% del poder adquisitivo y cuenta en estos momentos con un salario mínimo de los más bajos del mundo semiindustrializado. "Cuando algunos líderes manifiestan su intención de incorporarse al primer mundo, parece que se refieren sólo a la minoría de multimillonarios que aprovechan los privilegios ofrecidos por el libre comercio. Mientras los mercados se abren, los trabajadores más pobres son las víctimas propicias para el sacrificio", añade Caravantes.

"Cuanto mayor es la 'libertad' de los mercados, mayor es la esclavitud de los pueblos y la pobreza de las naciones. Cuanto mayor es la 'libertad' financiera, mayor es el provecho de ladrones y menor el bienestar de los trabajadores. Cuanto mayor es la 'libertad' del dinero, mayor es la humillación de los pobres y menor la probabilidad de ser respetados como personas", explica Luís Ferreira, miembro de ATACC, en La Opinión Pública.

A medida que la crisis económica se hace más tangente, las cifras de la explotación infantil aumentan. Según UNICEF (3) en su informe anual, en la actualidad existen unos doscientos millones de niños trabajadores entre cinco y diecisiete años. Trabajan en las calles venta ambulante, guías turísticos, repartidores, limpiabotas; en lugares peligrosos e insalubres hornos, minas, picando piedra, en el campo o pesca, son vendidos como esclavos por sus padres por cantidades irrisorias a usureros para trabajar en la fabricación de alfombras, ladrillos, obras públicas, etc.; niñas son entregadas al servicio doméstico en jornadas de quince horas a cambio de cama y comida. Y además, en muchas ocasiones esto lleva asociado el abuso sexual del menor, cuando no son vendidos a redes de prostitución que operan por todo el mundo.

Según un informe (4) de la Organización Mundial del Trabajo (OIT), 153 millones de niños que trabajan, se encuentran en Asia. 80 millones en África y 17,5 millones en América Latina. "Una de las razones es que los niños trabajadores no suelen ser fácilmente visibles. Es un ejemplo de "ojos que no ven, corazón que no siente". En la mayoría de los casos, mientras estos niños trabajan sus padres están desempleados. Son mano de obra barata, no dan problemas, son fáciles de adoctrinar y tienen miedo. Y una de las razones por las que muchos acaban siendo reclutados a la fuerza para participar de forma activa en conflictos armados. Un gran número pierde la vida o es torturado, golpeado, interrogado o hecho prisionero de guerra. Según Amnistía Internacional, al menos 300.000 niños y niñas combaten en algún conflicto bélico. Estos millones de niños han sido privados de su derecho sagrado a una vida digna, a una formación y una cultura.

La humanidad se encuentra en un punto sin retorno, como nunca antes había estado. La mayor parte de la riqueza del planeta se encuentra en manos de un reducido grupo de personas que con sus decisiones e intereses han puesto en marcha un sistema político y económico donde el hombre es un número más con el que comerciar. Lo mismo ha ocurrido con la biodiversidad, los ecosistemas, el aire, los árboles, la tierra, hasta el agua, elementos que han acompañado al hombre desde sus orígenes, y ahora todo esto forma parte de intereses privados.

Fuente: Barómetro Internacional (Venezuela)

---

(1) Fuente de Información: Agencia Boliviana de Información

(2)"Manos Unidas en su informe "La esclavitud hoy, un problema de nuestros días".

(3) UNICEF, en su informe anual 2007, ",El trabajo infantil: Lo intolerable en el punto de mira", de la Oficina Internacional del Trabajo.

(4) Declaración "En Defensa de la Humanidad", firmada por intelectuales de todo el mundo reunidos en la ciudad de México en octubre del pasado año (Diario La Jornada, México D.F. Domingo, 26-10-07).

Información recibida de la red mundial de comunidades eclesiales de base

Esta mina me enferma

*Medio ambiente / Por **Superficie***

A 30 km de Oberá se encuentra la mina a cielo abierto más grande de Misiones: Iecsa. Doscientas familias que viven alrededor padecen los efectos devastadores de la contaminación que produce.

El dueño de la cantera es un primo de Mauricio Macri, lo que para nada interfiere en los fenomenales negocios que esta empresa hace con el gobierno misionero a costas de la enfermedad y la contaminación ambiental.

Ruta 103. A menos de 30 kilómetros de Oberá, en la entrada a la colonia conocida como Arroyo Acaraguá, es preciso bajar la velocidad. Así lo indican los carteles y los sucesivos lomos de burro que aparecen cuando se pasa por enfrente de la monumental – y muy tóxica – mina a cielo abierto del Obrador Acaraguá que la empresa Iecsa posee en este punto de la provincia. Esta mina, por sus dimensiones, es la más grande de toda la provincia. Unas 200 familias viven en torno a ella. Familias condenadas silenciosamente (la mina da trabajo, vio) a las enfermedades respiratorias y dérmicas, que soportan a diario la actividad febril y altamente contaminante de la cantera; que ya se acostumbraron a dormir entre nubes de polvo tóxico y amanecer con los pulmones repletos de vaya saber cuantos agentes contaminantes inhalados sin descanso ni conciencia. "Acá sufrimos todos, pero los chicos lo sienten más, porque la piel se les pone llena de manchas y salpullidos, y les agarra tos, se resfrían por cualquier cosa. Eso es por estar respirando esta mierda todos los santos días a toda hora desde hace años" resumió una lugareña.

El millonario Angelo Calcaterra, sobrino de Franco Macri, es el dueño de Iecsa, una multinacional que se dedica a la extracción de recursos naturales en diversos puntos del país y que en Misiones hace negocios con el gobierno provincial desde hace años. Negocios que incluyen devastar el medio ambiente y arruinar la salud de los pobladores. A pesar de ser tan evidente la nocividad de esta mina, nunca hubo gobierno alguno capaz de llevar a cabo una auditoría ambiental y sanitaria para verificar lo que se desprende de una recorrida por la zona: están matando silenciosamente a los vecinos.

El Obrador Acaraguá de Iecsa, se aboca a la explotación superficial a cielo abierto de rocas clasificadas para la producción de áridos que abastecen las necesidades de la construcción, sobre todo de caminos y puentes. Está instalado en Arroyo Acaraguá desde hace quince años. Para el gobierno provincial de Misiones, esta empresa es la principal provisora de materiales y una de sus contratistas más beneficiadas. Para las más de 200 familias que viven en los contornos del yacimiento, la mina a cielo abierto es sinónimo de enfermedades, ruidos molestos y contaminación ambiental.

Convivir con la enfermedad

"Si quiere que su hijo viva, deje todo y váyase a vivir a otro lado" le dijo el pediatra a C.L, madre de un niño de 4 años severamente afectado pulmonarmente. Ella vivía con su familia a apenas 500 metros de la mina de Iecsa pero hace tres años – por recomendación del médico – decidió abandonar aquel terreno e irse a vivir un poco más lejos. "Mi hijo comenzó con los problemas desde que tenía 1 año. Empezó a respirar con mucha dificultad y eso me llamó la atención porque había nacido sin ningún problema. Luego vinieron las anginas y después las infecciones urinarias. El pediatra de Oberá me dijo que lo que le pasaba tenía relación directa con el hecho de estará todo el día expuesto al polvillo insoportable que sufrimos todos los que vivimos junto a la cantera o cerca.

Entonces nos mudamos y comenzó a mejorar. Hoy padecemos el polvo solo cuando hay viento pero al menos se recuperó un poco" sintetizó la mujer.

Al caminar por los barrios pegados a la cantera, ya se sienten laceraciones en la vista y una indescriptible sensación de ahogo - producto de la hiper contaminación del aire – a la cuál los vecinos ya se acostumbraron. "Esto es así todos los días, en todo momento. La cantera empieza a funcionar a las 4 de la mañana y no paran hasta las doce de la noche. El polvo que se levanta está presente todo el tiempo y cuando hay viento es insufrible. Vivir acá es un calvario" relató el vecino F.D.

El aparato respiratorio – sobre todo de los niños – no es el único damnificado en materia sanitaria. Las afecciones dérmicas se multiplican en cada casa. "Pregunte y todos le van a decir o mostrar las ronchas y las alergias. Yo en mi caso, tengo un bebé que se brota constantemente y cuando hay días de viento más todavía. El tema es que no podemos ni colgar la ropa, porque cuando se seca y nos ponemos, las prendas están llenas de un polvillo que es imposible de sacara y que en especial a los chicos les llena de una sarnilla. El médico me da una crema todos los meses pero ya me dijo que mientras vivamos cerca de la cantera los problemas en la piel de los chicos vana a continuar" afirma otra vecina.

Para colmo de males, en este pueblo no existe centro sanitario alguno, por lo que los pobladores deben acudir a otras localidades para tratarse. El más cercano es el Caps de Villa Bonita: 8 kilómetros. Esta ausencia absoluta de la salud pública, es el causal de que los vecinos prefieran el anonimato a la hora de contar el calvario que viven, ya que la empresa Iecsa oficia en muchos casos – a través de sus móviles - como unidad de traslado en caso de emergencias. Nadie quiere quedar mal ante la empresa porque hacerlo significa marginación directa en el paraje.

Entre los empleados que trabajan en la empresa las patologías se reiteran con más anuencia aún que entre la población. "Llevo casi diez años acá. No puedo quejarme del sueldo, pero perdí la pigmentación de la piel en muchas partes del cuerpo, tengo constantes dolores de cabeza, hipertensión y serios daños en la vista. Todo por el contacto con el polvillo tóxico y lo demás. Mi médico es de Oberá. Ya me dijo que si sigo trabajando acá en pocos años no voy a servir para nada, pero ¿quién me va a dar otro trabajo a mis 45 años?" se preguntó uno de los operarios del obrador Acaraguá, como llaman a esta mina a cielo abierto.

Las explosiones: una pesadilla mensual

Entre una y tres veces por mes, la empresa realiza explosiones con dinamita en esta cantera. Cada vez que esto sucede, se monta un descomunal operativo que incluye bloqueos de tránsito de la ruta provincial 103, y la advertencia a los habitantes para que desconecten todos sus aparatos electrodomésticos. La mayoría opta por cerrar las viviendas e ir a refugiarse al monte. "Las explosiones son terribles. Vuelan piedras por todas partes, los techos y los pisos están todos rajados y a muchos nos pasa que cuando volvemos a enchufar los electrodomésticos éstos no funcionan pero la empresa nunca nos reconoce las pérdidas" reflejó L. L, exhibiendo el contrapiso de su vivienda totalmente agrietado por efecto de las reiteradas explosiones.

"Da mucho pánico cada vez que hay explosiones. El otro día a una nena le pasó una roca volando a centímetros de la cabeza, si le agarraba le mataba. Por eso yo cuando vienen a avisar que van a dinamitar, agarro a mis hijos y nos vamos al monte a protegernos" agrega otra habitante.

Además, el efecto de las explosiones impacta de lleno en los pozos y napas subterráneas, que ante los movimientos de suelo se terminan contaminando y en algunos casos secando. "Ya ni se puede confiar en el agua que se toma. Por eso hay mucha gastroenteritis y diarrea entre la gente. Está toda contaminada porque las explosiones remueven todo" explicó G.F, sobre la acelerada erosión de suelos, que consecuentemente tiene su impacto en la calidad del agua del arroyo Acaraguá, muy próximo a la cantera.

Posturas
Sylvia Ubal es una periodista, escritora e investigadora venezolana que se especializa en minerías a cielo abierto en sus diferentes variables. "Toda minería a cielo abierto utiliza una técnica que conlleva a la destrucción y agotamiento de los ecosistemas del planeta. La eliminación de la capa boscosa, la destrucción de los suelos, la contaminación de las aguas superficiales y freáticas, la división en las comunidades, el soborno a funcionarios, la amenaza, el chantaje y la violación de leyes y derechos forman parte de las acciones rutinarias con las que se desenvuelve la minería a cielo abierto en muchas partes del mundo" explicó la especialista.

Andrés Mora Ramírez /AUNA

Un futuro (imperial) que ya está en marcha

El futuro imperial contrainsurgente ya está en marcha: es el de la construcción del brazo armado que reclama el modelo de acumulación por desposesión del neoliberalismo y el capitalismo periférico, y que hace de los excluidos de América Central y el Caribe, la región más desigual del mundo, el blanco de sus políticas de represión, contención del descontento social y criminalización de la protesta de movimientos sociales, comunidades y pueblos indígenas.

A finales del año anterior, el Consejo Nacional de Inteligencia (CNI) de los Estados Unidos presentó su informe Tendencias Globales 2030: mundos alternativos, un análisis de prospectiva estratégica en el que distintos especialistas proyectan escenarios y posibles rumbos de los acontecimientos en el mundo, desde la óptica de los intereses de la potencia norteamericana.

Según los distintos despachos de noticias, el documento presta especial atención a cuatro grandes temas: la difusión del poder global (la construcción de la multi polaridad) y el cambio en las condiciones para gobernar que hasta ahora había regido las relaciones internacionales (marcado por el ascenso de China); la recuperación económica en un supuesto fin de la crisis capitalista y mejores condiciones de bienestar individual; el crecimiento de la población mundial (que alcanzaría los 8.300 millones de personas) y una mayor –y acaso insostenible- demanda de agua, alimentos y energía.

Tratándose de un ejercicio de cartografía política e ideológica de los otros, este tipo de informes terminan por proyectar, también, las visiones y apetitos imperiales, y permiten comprender acciones que ya se encuentran en curso, así como sus objetivos de mediano y largo plazo.

Para el caso de América Latina, por ejemplo, las perspectivas que presenta el CNI son positivas en términos generales, aunque al mismo tiempo ingenuas y en nada sorprenden: el informe describe una situación de estabilidad, crecimiento económico, reducción de la pobreza y de relaciones en apariencia armoniosas con los Estados Unidos, con un liderazgo importante de Brasil, pero los especialista del CNI omiten toda referencia a la compleja estructura de organizaciones financiadas para promover la desestabilización de gobiernos en la región (NED, USAID, etc.) y para avanzar, sin escrúpulos y apelando a todos los recursos, en la imposición de grupos políticos afines a Washington.

Donde quedan más claros los vicios coloniales y las prácticas imperialistas que subyacen a estas proyecciones estratégicas, es en lo relativo a América Central y el Caribe, la pretendida zona de influencia "natural" de los Estados Unidos, que es vista por la inteligencia norteamericana como una región frágil, vulnerable, y cuyos países podrían convertirse en "refugio tanto a redes criminales mundiales como a redes terroristas e insurgentes locales" (La Jornada, 11-12-2012).

Se repite aquí el discurso de los Estados fallidos construido en los últimos años por ideólogos del Departamento de Estado y repetido por la clase política centroamericana -y mexicana, inclusive-, para justificar la guerra contra el narcotráfico y el debilitamiento del Estado de derecho, en contextos donde, de por sí, las instituciones políticas y judiciales ya sufren demasiados problemas.

Lo que sí es novedoso del informe, y de un diagnóstico que los centroamericanos venimos escuchado y sufriendo desde hace más de un lustro, es la inclusión de una categoría nueva: la insurgencia local, un factor que le da sentido a los planes y programas estadounidenses con los que, bajo el engañoso nombre de seguridad nacional, encubren el ejercicio arbitrario de la extraterritorialidad y se arrogan el derecho de intervención: los leoninos convenios de patrullaje conjunto de los mares e ingreso de marines a puertos, la instalación de bases militares, el entrenamiento de tropas de élite en selvas centroamericanas y la militarización de la seguridad ciudadana.

El futuro imperial contrainsurgente ya está en marcha: es el de la construcción del brazo armado que reclama el modelo de acumulación por desposesión del neoliberalismo y el capitalismo periférico, y que hace de los excluidos de América Central y el Caribe, la región más desigual del mundo, el blanco de sus políticas de represión, contención del descontento social y criminalización de la protesta de movimientos sociales, comunidades y pueblos indígenas.

Para el imperialismo, los pobres son el nuevo enemigo interno.

La transferencia de genes entre especies genera efectos devastadores

Sylvia Ubal –POSTGRADO

Transgénicos

Las técnicas de ingeniería genética fueron descubiertas en 1950 por James Watson y Francis Crick y este descubrimiento trajo como consecuencia el desarrollo de la biotecnología y el conocimiento de la estructura de la molécula de ADN, donde se almacena la información genética, que es la herencia, en todos los seres vivos.

Partiendo de este importante logro, aparecen los primeros ensayos de manipulación genética (año 1980 cultivos transgénicos de tabaco recogidos en 1992 - China, en 1996 aparecieron 23 marcas de cereales en Estados Unidos, Canadá y Japón), Manipulación genética se realiza sobre cualquier vegetal, animal u organismo cuyo material genético original sea modificado intencionalmente.

El desarrollo y comercialización de éstas nuevas tecnologías están centrados en grandes multinacionales, que controlan el 85% del comercio mundial de los cereales y 10 empresas agroquímicas del mundo, que controlan el 91% de su mercado y se denominan COMPAÑIAS DE LA VIDA; las siete gigantes son: 1). Syngenta (Novartis y AstraZeneca), 2). Monsanto/Pharmacia, 3). Aventis (adquirida por Bayer en el 2001, 4). DuPont, 5). Dow, 6). Bayer y 7). BASF (1, 2 y 3) cuyos estudios científicos particulares defienden sus intereses, tratando de demostrar que los alimentos transgénicos, además de ser excelentes, mitigaran el hambre en los países pobres.

Las transferencias no naturales de genes de una especie a otra son peligrosas

Las compañías de biotecnología alegan falsamente que sus manipulaciones son similares a cambios genéticos naturales. Sin embargo la transferencia de genes de cruce de especies que se están realizando (como entre cerdos y plantas, o peces y tomates) nunca sucederían en la naturaleza y pueden permitir que se transfieran enfermedades y debilidades entre especies, con efectos tan desastrosos como se han visto en BSE (enfermedad de las vacas locas).

Las compañías de biotecnología alegan que sus métodos son precisos y sofisticados. De hecho hay un elemento aleatorio en su método experimental de inserción del gen. Son inevitables los efectos secundarios y los accidentes y los riesgos se han evaluado científicamente como ilimitados. A diferencia de la contaminación química o nuclear, la contaminación genética no puede recogerse; y los efectos tóxicos de equivocaciones genéticas se pasarán a todas las futuras generaciones de una especie.

Los alimentos genéticamente diseñados están siendo introducidos sin etiquetar

Las compañías de biotecnología han decidido no utilizar etiquetas alegando falsamente que no hay diferencia material entre alimentos genéticamente modificados y sus contrapartidas naturales. De hecho, la inteligencia genética natural de alimentos, acumulada en millones de años, está siendo alterada. Los gobiernos apoyan las compañías de biotecnología e ignoran los derechos de los consumidores a ser informados. Sin etiquetar, las causas de nuevas enfermedades pueden ser muy difíciles de rastrear. Por un lado, mientras todos los alimentos deberían etiquetarse fielmente, los alimentos genéticamente diseñados deberían prohibirse totalmente para proteger la vida.

En el año 1995, la siembra de semilla transgénica es utilizada en doscientas mil (200.000) hectáreas; seis años más tarde (2001) utilizan 52.6 millones de hectáreas y para (2009) utilizan 186.3 millones de hectáreas. Siendo Estados Unidos el mayor productor de elementos agrícolas modificados genéticamente, con el 68% de la cosecha transgénica mundial, Argentina, con el 22%, Canadá con el 6% y China con el 3% para un total de 99% sólo cuatro países y dominados por una sola compañía "Monsanto". Estos son claros ejemplos de una agricultura no sostenible. En Argentina la entrada masiva de soja transgénica exacerbó la crisis de la agricultura con un alarmante incremento de la destrucción de sus bosques primarios, lo que motivó el desplazamiento de campesinos y trabajadores rurales, aumento del uso de herbicidas, y una grave sustitución de la producción de alimentos para consumo local.

Los alimentos que han sido modificados genéticamente son: maíz, soya, uvas, salmón, arroz, tomate, colza. Las semillas mas comerciales a nivel mundial son: maíz, soya, eucalipto, algodón y colza, desarrollados y distribuidos por una sola compañía "La multinacional Monsanto". Según fuente de la FAO, los alimentos transgénicos que están disponibles actualmente son: Maíz, soya, algodón, escherillia coolí K-12, claveles y dentro de la selección de OMG elaborado al 2009: Uvas, tilapia, álamos, salmón, eucalipto, arroz y ovejas

Amenaza global al abastecimiento alimenticio de la humanidad

Las compañías gigantes transnacionales de biotecnología controlan grandes segmentos del abastecimiento alimenticio del mundo incluyendo patentes alimentarias, compañías de semillas, y otros aspectos de la cadena alimentaria. Están introduciendo productos genéticamente diseñados experimentales sin verificación en un peligroso experimento global. Si las intenciones de la industria se llevan a cabo, casi todos los alimentos que llevemos a nuestra mesa se alteraran dentro de unos años. Este cambio radical en el abastecimiento alimenticio de la humanidad resultará en muchos problemas irrevocables e inesperados tales como serias escaseces alimentarias y amenazas para la salud de amplias dimensiones.

¿Que es Monsanto?

Monsanto se presenta a sí misma como una empresa visionaria, una fuerza de la historia mundial que trabaja para aportar ciencia de vanguardia y una actitud ambientalmente responsable a la solución de los problemas más urgentes de la humanidad. Pero, ¿Qué es en realidad Monsanto? ¿Cuál es su origen? ¿Cómo llegó a ser el segundo productor mundial de agroquímicos y uno de los principales proveedores de semillas en el planeta?. ¿Es Monsanto la compañía "limpia y verde" que proclaman sus anuncios, o los mismos apenas representan una operación de imagen que oculta la naturaleza criminal de la compañía? Una mirada a su historia nos dará algunas claves reveladoras, y puede ayudarnos a entender mejor las prácticas actuales de dicha compañía.

Monsanto con sede en San Louis, Missouri, Estados Unidos, Monsanto Chemical Company fue fundada en 1901 por John Francis Queeny, un químico autodidacta que llevó la tecnología de la fabricación de sacarina, el primer edulcorante artificial, de Alemania a Estados Unidos. En los años 20, Monsanto se convirtió en uno de los principales fabricantes de ácido sulfúrico y de otros productos básicos de la industria química, y desde la década de los 40 hasta nuestros días, es una de las cuatro únicas compañías que han estado siempre entre las 10 primeras empresas químicas de Estados Unidos.

En los años 40, el negocio de Monsanto giraba en torno a los plásticos y las fibras sintéticas. En 1947, un carguero francés que transportaba nitrato de amonio (utilizado como fertilizante) explotó en un muelle a unos 90 metros de la fábrica de plásticos de Monsanto en las afueras de Galveston, en Texas. Más de 500 personas murieron en lo que llegó a ser considerado como uno de los más grandes desastres de la industria química. La planta producía estireno y plásticos de poliestireno, que aún se usan para envases de alimentos y otros productos de consumo masivo. En los años 80, la Agencia de Protección del Medio Ambiente de los Estados Unidos (EPA), colocó al poliestireno en el quinto lugar de la clasificación de productos químicos cuya producción genera las mayores cantidades totales de residuos peligrosos.

En 1929, la Swann Chemical Company, adquirida poco después por Monsanto, desarrolló los bifenilos policlorados (PCBs por sus siglas en inglés), que fueron muy alabados por su estabilidad química y su inflamabilidad. Su uso más frecuente se dio en la industria de equipos eléctricos, que escogió a los PCBs como refrigerantes de combustibles de una nueva generación de transformadores. En el transcurso de los años 60, los compuestos de la cada vez más numerosa familia de los PCBs de Monsanto fueron también usados como lubricantes, líquidos hidráulicos, aceites lubricantes de herramientas, revestimientos impermeables y selladores líquidos. Las pruebas de los efectos tóxicos de los PCBs se remontan a los años 30, cuando científicos suecos que estudiaban los efectos biológicos del DDT comenzaron a hallar concentraciones significativas de PCBs en la sangre, pelo y tejidos grasos de los animales silvestres.

Es el laboratorio de biotecnología en la agricultura más grande del mundo, que introdujo al mercado la primera generación de cultivos transgénicos, convirtiéndose en el líder mundial en la promoción de biotecnología en la agricultura.

Sus cultivos representan más del 90 por ciento de todos los cultivos transgénicos del mundo. Los cultivos resistentes a su herbicida "glifosato", como la "soja RR" (Roundup Ready) y el "maíz RR", sólo promueven la agricultura industrial de insumo-dependencia.

Esta empresa dedicada a la explotación agropecuaria donde los científicos aíslan un gen de la bacteria que produce un insecticida conocido como "Bt" y lo transfieren al maíz, al algodón, y logran que la planta exude su propio insecticida tiene el camino libre para iniciar cultivos masivos y tiene el control de todo el proceso productivo; que se necesita para que la rueda de la fortuna no se detenga, y expandir constantemente las áreas sembradas, la tierra rica para los negocios.

Monsanto despoja a los campesinos

Drásticamente famillas enteras de campesinos pasaron a ser parte de los agronegocios pero del lado del reverso. Hoy los campesinos, despojados y expulsados de sus tierras, transitan el desdichado camino del éxodo hacia los cinturones marginales y empobrecidos de las ciudades.

Los que se quedan a defender sus chacras, huertas y animales, son cercados y criminalizados por las leyes, los bancos, los jueces, la policía, las armas largas y las topadoras.

La tenencia de la tierra es una batalla silenciosa que se libra diariamente en suelos campesinos mientras los gobiernos locales, provinciales y el nacional hacen la 'vista gorda', mientras que las trasnacionales se quedan con sus tierras

Antecedentes

Monsanto envenenó Vietnam. Es el responsable de la fabricación de armas de destrucción masiva El herbicida conocido como Agente Naranja, que fue usado por las fuerzas militares estadounidenses para defoliar los ecosistemas de selva tropical de Vietnam durante los años 60, era una mezcla de 2,4,5-T y 2,4-D que provenía de varias fuentes, pero el Agente Naranja de Monsanto tenía concentraciones de dioxina muchas veces superiores al producido por Dow Chemical, el otro gran productor del defoliante. Esto convirtió a Monsanto en el principal acusado en la demanda interpuesta por veteranos de la guerra del Vietnam, que experimentaron un conjunto de síntomas de debilidad atribuibles a la exposición al Agente Naranja. Cuando en 1984 se alcanzó un acuerdo de indemnización por valor de 180 millones de dólares entre siete compañías químicas y los abogados de los veteranos, la justicia ordenó a Monsanto pagar el 45,5 por ciento del total. Por supuesto, a los tribunales de Estados Unidos ni se los ocurrió que a una mayor indemnización tenían derecho la sociedad y el Estado de Vietnam.

El Roundup es el resistente herbicida más vendido del mundo. Actualmente, los herbicidas de glifosato, tales como el Roundup, representan al menos una sexta parte de las ventas anuales totales de Monsanto Es comercializado en otros países con diferentes nombres, y es altamente toxico. Monsanto promociona agresivamente el Roundup presentándolo como un herbicida seguro y de uso general (no sólo para los cultivos transgénicos), en cualquier lugar, por ejemplo en el sur de España donde los agricultores lo llaman "Rondo") en céspedes, huertos, bosques de coníferas.

Como Monsanto y los funcionarios de EE.UU. insisten en que es seguro pulverizar Roundup desde aviones, periodistas y científicos están comenzando a revelar algunos hechos nuevos.

La serie de grandes multas y decisiones judiciales contra Monsanto en Estados Unidos incluyen responsabilidades en casos de muerte por leucemia, multas de 40 millones de dólares por el vertido de productos peligrosos al medio ambiente, y muchos otros episodios. En 1995, Monsanto era la quinta empresa de Estados Unidos en el inventario de vertidos tóxicos de la EPA, con millones de kilogramos de productos químicos tóxicos descargados sobre la tierra, en el aire, en el agua y en el subsuelo.

En diciembre pasado, la periodista holandesa, Marjon Van Royen investigó los informes sanitarios sobre el terreno en Colombia, y descubrió que "debido a que el producto químico es pulverizado en Colombia desde aviones sobre áreas habitadas, ha habido constantes afecciones sanitarias en seres humanos; ojos inflamados, mareos y problemas respiratorios, han sido las más frecuentemente registradas." Aunque Roundup es anunciado como "seguro" para mamíferos, incluyendo seres humanos (pero no para algunos insectos o la vida acuática) por el Departamento de Estado de EE.UU., ha habido informes demasiado persistentes sobre problemas cutáneos y de otro tipo después de incidentes de fumigación involucrando a campesinos y sus animales, para que sean ignorados. Profundizando en su investigación, Van Royen descubrió algo alarmante: otro aditivo llamado Cosmo-Flux 411F estaba siendo agregado para aumentar la toxicidad de Roundup. La mezcla de Roundup y Cosmo-Flux 411F nunca ha sido científicamente evaluada, ni se ha informado al público, en EE.UU. o en Colombia, sobre esta práctica la acción biológica del herbicida, produciendo niveles relativos de exposición que son 104 veces más elevados que la dosis recomendada para utilizaciones normales en la agricultura.

Este veraz análisis que realizamos de las implicaciones está documentado por fuentes fidedignas, nos dejan una visión aterradora de la capacidad de las trasnacionales de afectar el medio ambiente, los mares, la biosfera, la fauna y el ser humano habitante de este mismo habitat.

He pensado muchas veces si los dueños de estas grandes industrias no tienen en cuenta, no solo al hombre, sino a sus familiares y al el futuro de la humanidad. Es tan importante la voracidad de crear riquezas y hacerse multimillonarios sin ninguna ética moral, que ponen al mundo en peligro de extinción al destruir las riquezas y hasta la atmósfera que respiramos

Cuba, 54 años de lucha

Atilio A Borón

2-1-2013 SUR y SUR

La Revolución Cubana cumple 54 años. No reiteraremos aquí lo dicho infinidad de veces acerca de las grandes conquistas históricas, materiales y espirituales de la revolución. Su supervivencia pese a la permanente agresión del imperialismo, al bloqueo y a una implacable hostilidad de la cual fueron y son cómplices las burguesías latinoamericanas y europeas, así como sus partidos y gobiernos, basta y sobra para demostrar la tremenda fortaleza de la Revolución Cubana.

Fortaleza que sólo es posible cuando la revolución se encuentra profundamente arraigada en las entrañas mismas de la sociedad, expresando la continuidad de un proceso emancipatorio que se inició en 1868, maduró bajo la inspiración de José Martí en 1898 y que comenzó a transitar por su etapa definitiva con el asalto al Moncada el 26 de julio de 1953 hasta culminar el 1° de enero de 1959 con el triunfo de la revolución.

Como un pequeño homenaje a la gesta revolucionaria cubana incluimos a continuación unos pocos fragmentos del discurso que el comandante Fidel Castro Ruz pronunciara el 4 de febrero de 1962, dando lectura a la "Segunda Declaración de La Habana", un documento magistral de la filosofía política y social del siglo XX que analiza las raíces históricas de la revolución y, por añadidura, los fundamentos de las futuras revoluciones latinoamericanas.

Fue pronunciado por Fidel en la Plaza de la Revolución y aprobado por aclamación por la multitud allí reunida para repudiar las agresiones perpetradas –atentados, incendios de cañaverales, sabotajes varios– por los Estados Unidos en Cuba y la expulsión de la OEA que sufriera este país en la Conferencia de Punta del Este, en agosto de 1961, luego de la cual todos los países del hemisferio, con la honrosa excepción de México, rompieron relaciones con Cuba revolucionaria.

Cuba duele de manera especial a los imperialistas. ¿Qué es lo que se esconde tras el odio yanqui a la Revolución Cubana?

¿Qué explica racionalmente la conjura que reúne en el mismo propósito agresivo a la potencia imperialista más rica y poderosa del mundo contemporáneo y a las oligarquías de todo un continente, que juntos suponen representar una población de trescientos cincuenta millones de seres humanos, contra un pequeño pueblo de sólo siete millones de habitantes, económicamente subdesarrollado, sin recursos financieros ni militares para amenazar ni la seguridad ni la economía de ningún país...?

Los une y los concita el miedo. Lo explica el miedo. No el miedo a la Revolución Cubana; el miedo a la revolución latinoamericana. No el miedo a los obreros, campesinos, estudiantes, intelectuales y sectores progresistas de las capas medias que han tomado revolucionariamente el poder en Cuba, sino el miedo a que los obreros, campesinos, estudiantes, intelectuales y sectores progresistas de las capas medias tomen revolucionariamente el poder en los pueblos oprimidos, hambrientos y explotados por los monopolios yanquis y la oligarquía reaccionaria de América...

En los propios Estados Unidos, la Agencia Central de Inteligencia ha organizado escuelas especiales para entrenar agentes latinoamericanos en las más sutiles formas de asesinato; y es política acordada por los servicios militares yanquis la liquidación física de los dirigentes antiimperialistas...

Ahora, esta masa anónima, esta América de color, sombría, taciturna, que canta en todo el continente con una misma tristeza y desengaño, ahora esta masa es la que empieza a entrar definitivamente en su propia historia, la empieza a escribir con su sangre, la empieza a sufrir y a morir...

s derechos. Ya se les ve, armados de piedras, de palos, de machetes, de un lado y otro, cada día, ocupando las tierras, fincando sus garfios en la tierra que les pertenece y defendiéndola con su reclamada, de derecho pisoteado que se empieza a levantar por entre las tierras de Latinoamérica, esa ola ya no parará más. Esa ola irá creciendo cada día que pase... Porque esta gran humanidad ha dicho "¡Basta!" y ha echado a andar.

Porque esta gran humanidad ha dicho "¡Basta!" y ha echado a andar. Y su marcha de gigantes ya no se detendrá hasta conquistar la verdadera independencia, por la que ya han muerto más de una vez inútilmente. Ahora, en todo caso, los que mueran, morirán como los de Cuba, los de Playa Girón, morirán por su única, verdadera, irrenunciable independencia.

Especialista alemán confirma:

Fundación del Partido Popular español intentó derribar a Evo

Jean-Guy Allard

La Fundación Iberoamérica Europa (FIE), una sucursal del falangista Partido Popular español de Marano Rajoy que fue dirigida por Ana Botella, la esposa del ex presidente del consejo Josè Marìa Aznar, ha financiado en 2007 a golpe de millones un fracasado golpe de estado contra el presidente boliviano Evo Morales.

Lo confirma el periodista e investigador aleman Ingo Niebel en un artículo publicado en la página web de la revista alemana GEHEIM (www.geheim-magazin.de), especializada en temas de inteligencia y subversión.

Niebel señala como la fiscalía boliviana está investigando a la FIE porque tiene indicios de que por esta vía unos mercenarios recibían unos 250000 euros (300000 dólares) para realizar el golpe de Estado y un atentado contra el mandatario.

En su estancia en Madrid para la Cumbre de la Unión Europea con América Latina, el presidente de Bolivia, Evo Morales, ha acusado al Partido Popular (PP) español de haber organizado en 2007 un golpe de Estado en su país que "felizmente" fracasó. El jefe de Estado boliviano hizo estas declaraciones durante los Desayunos Informativos de la agencia española Europa Press – cercana a la extrema derecha peninsular - el 18 de mayo de 2010.

El dirigente del Movimiento Al Socialismo (MAS) basó sus acusaciones en informaciones publicadas por medios de comunicación que señalaron como el PP organizó el golpe de Estado a través de "una fundación española". La propia Europa Press sugirió en su propia nota de prensa que la institución en cuestión "podría ser" la Fundación Iberoamérica Europa (FIE).

La revista alemana Geheim subraya como en su página web la FIE indica que mantiene relaciones con la Cámara de Comercio e Industria CAINCO de Santa Cruz, un fuerte de la oligarquía boliviana y centro de la resistencia antisocialista en Bolivia.

El presidente de la FIE es el ex diputado del PP, Pablo Izquierdo, quien mantiene estrechos contactos con el PP y con el ex jefe de Gobierno español José María Aznar (1994-2006); la esposa de este último, la política madrileña Ana Botella presidió la FIE entre 1994 y 1999, precisa Ingo Niebel..

"Otros militantes del PP ocupaban altos cargos en la FIE", indica el experto al precisar cómo "entre 1999 y 2008 la fundación recibió subvenciones públicas por el valor de 4,3 millones de euros; de esta suma unos 990000 euros fueron destinados para su labor en Bolivia.".

La "Prima Donna" del PP madrileño y jefa de la Comunidad de Madrid, politiquera ultraderechista que lidera las campañas de difamación contra Cuba en España al lado del agente CIA y terrorista prófugo cubano Carlos Alberto Montaner, tenía que aparecerse en el complot: "En noviembre de 2008 la FIE recibió otro millón de euros, esta vez por parte de la Comunidad Autónoma de Madrid, gobernada por otra política del PP, Esperanza Aguirre".

Fondos para los desfavorecidos, dijo El País

En septiembre de 2009 el diario español El País – otro elemento de la cadena derechista - informó de que 750000 euros de dicha suma iban a parar en "el fortalecimiento de las capacidades institucionales para el desarrollo de los sectores más desfavorecidos de Bolivia".

Otros 150000 euros estaban destinados para "el fortalecimiento de las instituciones del sector empresarial, de líderes sociales y jóvenes periodistas en Venezuela".

"En el Estado español la FIE se dedica a atender en sus tres centros a inmigrantes originarios de América Latina y de Rumania. Para esa labor recibió otros 1,6 millones de euros".

En su articulo de Geheim, Niebel subraya "que hace un lustro la oficina anticorrupción OLAF de UE estaba investigando la fundación. Actualmente el tribunal excepcional español, la Audiencia Nacional, ha abierto diligencia contra altos cargos del PP por el supuesto delito de corrupción".

En 2002 el PP apoyó al golpista venezolano Pedro Carmona Estanga antes, durante y después de su acción ilegal contra el presidente legítimo Hugo Chávez.

Ingo Niebel es autor de numerosos estudios sobre actividades de inteligencia y de subversión norteamericana y europea en América Latina.

La conspiración del 2007 ha precedido otra, ocurrida en abril del año pasado, cuando un comando de mercenarios de Europa del este intentó asesinar a Evo Morales.

Las circunstancias de la muerte en Estados Unidos del espía de origen húngaro Istvan Belovai, que orientaba a los conspiradores, siguen misteriosas.

El ex oficial húngaro de inteligencia que sirvió de enlace entre el húngaro croata Eduardo Rózsa Flores, el jefe del grupo paramilitar encargado del magnicidio, y la inteligencia norteamericana, falleció el 6 de noviembre, en Denver, Estados Unidos, donde radicaba desde su salida apresurada de su país en 1990.

El fallecimiento ocurrió justo cuando en Bolivia se revisaba minuciosamente el contenido de una de las computadoras laptops de Rózsa Flores. En una carpeta de archivos llamada Bel - Norte, los peritos bolivianos encontraron varios correos electrónicos que Rózsa Flores intercambió con el agente Belovai.

Llama la atención como entre los cabecillas del Consejo Supremo que dirigió la conspiración se encontraba el influyente empresario de Santa Cruz, Branko Marinkovic, croata de origen, quién se fugó de Bolivia al ser denunciado por la Fiscalía y encontró refugio en territorio de Estados Unidos.

Tras desarticulación del comando, el gerente del Centro de Arbitraje y Conciliación de la CAINCO, Alejandro Melgar Pereira, cómplice del complot, huyó de inmediato de Bolivia a Estados Unidos.

También se comprobó que Rózsa Flores estuvo en contacto con UnoAmérica, organización fascista de América Latina encabezada por Alejandro Peña que luego se apareció al lado de los golpistas hondureños.

El régimen de Tegucigalpa ha mantenido por otro lado relaciones privilegiadas con la ultraderecha española – y con connotados miembros de la mafia cubanoamericana, conocidos por su colaboración con la CIA y sus lazos con el PP español, entre otros Armando Valladares.

Veterano de la CIA detrás del Golpe en Ecuador

- Cubadebate - http://www.cubadebate.cu -

Publicado el 4 Octubre 2010 en Especiales, Eva Golinger, Opinión

El ex director de la misión especial para Venezuela y Cuba de la Dirección Nacional de Inteligencia de Estados Unidos, Norman Bailey, ha liderado una operación para desestabilizar al gobierno de Rafael Correa

Al pueblo ecuatoriano no les extraña que el gobierno de Estados Unidos esté detrás del último intento de golpe de Estado en su país. Una encuesta realizada por la firma estadounidense Asisa luego de los acontecimientos el pasado 30 de septiembre en Ecuador, revela que más de 50% de los consultados creen que Estados Unidos apoyó la revuelta contra el Presidente Rafael Correa.

El ex oficial de la Agencia Central de Inteligencia, Philip Agee, relató en los años setenta, en su libro "Diario de la CIA", como él mismo lideró la operación para socavar al gobierno progresista de José María Velasco Ibarra en Ecuador hasta lograr sacarlo del poder bajo fuerza. Agee cuenta como la CIA penetró e infiltró organizaciones sociales, movimientos políticos, medios de comunicación y sindicatos - de derecha y de izquierda - y hasta alcanzaron captar y reclutar agentes dentro de las instituciones gubernamentales para sabotear al estado desde adentro. La operación fue muy eficiente y solo tardó un año para que cayera el gobierno de Velasco.

Velasco fue reemplazado por el Vice Presidente Julio Arosemana, quien rápidamente perdió el visto bueno de Washington por su relación estrecha con Cuba, y fue derrocado en un golpe militar el 11 de julio de 1963, también patrocinado por la CIA.

El "sicario económico confesado", John Perkins, luego cuenta en su libro "Confesiones de un Sicario Económico" como Washington asesinó al Presidente Jamie Roldós Aguilera, un progresista ecuatoriano quien murió en un "extraño" accidente aéreo en 1981, apenás dos años después de asumir el poder.

Perkins también intuyó que algo parecido podría suceder al Presidente Rafael Correa, debido a sus políticas anti-neoliberales, sus relaciones con Venezuela, Cuba e Irán, y su política petrolera que buscaba "retomar" el control de la rica industria petrolera en Ecuador para beneficiar al desarrollo de su país.

Y lo pensado se hizo realidad el pasado 30 de septiembre, cuando fuerzas golpistas intentaron ejecutar un golpe de Estado, o en lo alternativo, asesinar al Presidente Correa.

La policía nacional infiltrada por la embajada de Estados Unidos, hecho comprobado en un informe oficial del Ministerio de Defensa de Ecuador en 2008, fue el organismo que provocó la crisis el jueves pasado. Y fichas de la Escuela de las Américas, como el Coronel Manuel E. Rivadeneira Tello, lideraron los esfuerzos para asesinar al Presidente Correa, disparando contra el carro presidencial durante su rescate.

Pero hay otra figura quien desde las sombras ha estado manejando la campaña de desestabilización contra el gobierno de Correa, penetrando e infiltrando los movimientos indígenas y las organizaciones sociales y políticas de la "izquierda".

Philip Agee contó hace décadas como la Agencia Internacional del Desarrollo de Estados Unidos (USAID) fue utilizada como fachada de la CIA para canalizar fondos a organizaciones no gubernamentales (ONG), sindicatos y medios de comunicación. Y en los años ochenta, el gobierno estadounidense creyó otra entidad para realizar este trabajo, pero con una fachada más legítima.

En 1983 nació la National Endowment for Democracy (NED), creada por una legislación del Congreso de Estados Unidos. Su misión era "promover la democracia" en el mundo. Fue un proyecto impulsado por el gobierno de Ronald Reagan y sus asesores más cercanos, entre ellos, Norman A. Bailey, entonces Asistente Especial del Presidente para Asuntos de Seguridad Nacional.

La NED fue primero utilizada en Nicaragua para desestabilizar al gobierno Sandinista. Lograron su objetivo luego de seis años de trabajo duro, penetrando e infiltrando todos los sectores de la sociedad civil para alimentar el conflicto y desgastar al pueblo. Luego de su éxito en Nicaragua, la NED se ha convertido en la agencia principal de financiamiento y asesoría a movimientos de la "sociedad civil" que favorecen y trabajan a favor de los intereses estadounidenses. En Venezuela, la NED financió a todos los grupos involucrados en el golpe de Estado contra el Presidente Chávez en abril 2002, y ha seguido financiando a la oposición desde entonces.

Dónde hay un gobierno que no le conviene a la agenda estadounidense, allí está la NED, financiando la desestabilización. Ecuador no se escapa de esta triste realidad.

NORMAN BAILEY, VETERANO DE LA CIA

Grupos involucrados en el último intento de golpe contra Ecuador tienen vínculos con la NED y la USAID. Pero una conexión en particular evidencia la profunda operación que Washington tenía en marcha contra el gobierno de Rafael Correa.

En 12 de julio de 2005, el jefe de comunicaciones de la División Estratégica de Desarrollo de la USAID en Ecuador envió un correo electrónico a los otros representantes de la USAID en Quito, expresando su preocupación por la influencia "chavista" en Ecuador. El mensaje incluyó una seria de textos supuestamente demostrando la creciente relación entre Venezuela, Cuba y Ecuador.

Justo ese mismo año fue fundado la Corporación Empresarial Indígena del Ecuador (CEIE), organización encargada de "promover el desarrollo económico local y regional de las poblaciones indígenas". En Ecuador, es bien conocido que los votos del sector indígena son fundamentales para gobernar de manera efectiva. Los candidatos que logran el apoyo de las redes y movimientos indígenas son normalmente los candidatos que ganan las elecciones ecuatorianas, y el Ecuador tenía elecciones presidenciales el año siguiente, en 2006.

CEIE nació con financiamiento de la NED y la USAID, creada por Ángel Medina, Mariano Curicama, Lourdes Tibán, Fernando Navarro y Raúl Gangotena. Curiosamente, entre sus tres "miembros honorarios", figura Norman Bailey, agente de inteligencia de Estados Unidos y experto en operaciones clandestinas.

Bailey estuvo en el Ejército de Estados Unidos dónde se especializó en inteligencia estratégica. Fue economista de la empresa petrolera Mobil International Oil, estudiando y analizando el sector petrolero mundial. Fundó la empresa Overseas Equity Inc, que suministraba asesoría al sector financiero internacional y luego se juntó a la firma banquera Bailey, Tondu, Warwick & Co., asumiendo la presidencia. La firma se dedicaba a las transaciones financieras de deudas en los países en desarrollo.

En 1981, Bailey fue nombrado Asistente Especial del Presidente Ronald Reagan para Asuntos de Seguridad Nacional y Director de

Asuntos Económicos Internacionales en el Consejo de Seguridad Nacional de la Casa Blanca. A partir del 1984, Bailey fue asesor a distintas agencias gubernamentales, corporaciones, bancos, instituciones financieras y empresas multinacionales en cinco continentes.

En 2006, el entonces Director Nacional de Inteligencia de Estados Unidos, John Negroponte, decidió crear la Misión Especial de Inteligencia para Venezuela y Cuba. Nombran a Norman A. Bailey para presidir dicha "misión".

Fue primera vez en la historia estadounidense que la comunidad de inteligencia creyó "misiones especiales" de alto nivel para distintas países. Solo tres misiones fueron creadas en 2006: para Irán, Corea del Norte y Venezuela/Cuba.

Con un presupuesto multimillonario, Bailey incrementó las operaciones de desestabilización contra los gobiernos de Venezuela y Cuba. Al mismo tiempo, cualquier otro gobierno o movimiento en la región que se asociaba con Venezuela o Cuba estaba sujeto a las operaciones clandestinas de Bailey.

Aunque en 2007, Bailey salió de la Misión Especial de Inteligencia para Venezuela y Cuba, se mantuvo como "miembro honorario" de la CEIE en Ecuador. Bailey también seguía, y sigue, "asesorando" al gobierno estadounidense en asuntos de inteligencia.

CEIE tiene vínculos estrechos con los dos principales movimientos indígenas en Ecuador - y los dos movimientos políticos de "izquierda" que más han salido a criticar y oponerse al gobierno de Rafael Correa.

De los cinco fundadores de CEIE, las conexiones de cuatro de ellos con el gobierno de Estados Unidos son asombrosos.

- Ángel Medina también es fundador y presidente de la Fundación Q'ellkaj, otra organización financiada por la USAID y NED que intenta penetrar y captar fuerzas dentro de la gran comunidad indígena ecuatoriana.

- Fernado Navarro es Presidente de la Federación de Cámaras de Comercio del Ecuador, obviamente representando los intereses empresariales e intentando influir sobre la comunidad indígena a favor del sector financiero. La Federación de Cámaras de Comercio del Ecuador también ha recibido financiamiento de la NED y la USAID.

- Raul Gangotena ha sido Consultor del Banco Mundial, becario del Departamento de Estado con un Fulbright, fue Embajador del Ecuador en Estados Unidos del 2003-2005 e Investigador de la NED en 2005, justo cuando fue fundada la CEIE. Es además curiosa que Gangotena fue Embajador del Ecuador en Estados Unidos al mismo tiempo que trabajaba para la NED. Esto evidencia la profunda penetración de Estados Unidos en la política ecuatoriana.

- Lourdes Tibán fue Asesora del Consejo Político de la ECUARUNARI, organización fundadora de la CONAIE, que es el movimiento político indígena ecuatoriano de mayor fuerza. Sus vínculos con la NED y la USAID sin duda influyeron sobre su trabajo con la ECUARUNARI y la CONAIE.

En 2009 y 2010, la CONAIE se convertió en una de las principales fuerzas en contra del gobierno de Rafael Correa. Durante el golpe de Estado del 30 de septiembre, la CONAIE emitió un comunicado responsabilizando al Presidente Correa por la crisis política en el país. Su contraparte política, PACHACUTIK, emitió otro comunicado apoyando al golpe y llamando para la renuncia inmediata de Correa.

El papel de Norman Bailey en los últimos planes de desestabilización en Ecuador no debe ser subestimado. La presencia de este veterano de la CIA en una organización vinculada con los sectores indígenas y empresariales del Ecuador evidencia que la huella estadounidense sigue atentando contra la soberanía del Ecuador-

http://www.cubadebate.cu/opinion/2010/10/04/v eterano-de-la-cia-detras-del-golpe-en-ecuador/

Cubadebate, Contra el Terrorismo Mediático http://www.cubadebate.cu

Hay mucho por hacer: una entrevista con Hugo Chávez

http://www.cubadebate.cu

Publicado el 28 Septiembre 2009 en Noticias

Greg Grandin- (The Nation)

Hugo Chávez en la ONU, el 24 de septiembre de 2009. (Foto: AP)

Hace tres años, el presidente venezolano Hugo Chávez causó una conmoción cuando, en un discurso ante la Asamblea General de la Organización de Naciones Unidas, tildó al entonces presidente estadounidense George W. Bush, como el "diablo". "Sigue oliendo a azufre aquí", indicó, en el mismo podio donde, un día antes, Bush había pronunciado su discurso. La semana pasada, Chávez volvió a hablar después de un presidente estadounidense en el podio de la ONU, pero esta vez olió algo diferente: "el olor de la esperanza".

En la siguiente entrevista, efectuada en la Misión de Venezuela ante la ONU en Nueva York, Hugo Chávez discutió su relación con Barack Obama y lo que su elección pudiese significar para Estados Unidos, así como el tema de la crisis en

Honduras, los planes de expandir la presencia del Pentágono en Colombia, los éxitos a nivel interno y el legado del presidente brasileño Luiz Inácio Lula da Silva.

Greg Grandin: En primer lugar me gustaría preguntarle por la crisis hondureña. Manuel Zelaya, el presidente derrocado en el golpe de Estado del 28 de junio, se encuentra actualmente en la Embajada brasileña en Tegucigalpa luego de haber regresado al país de incógnito. ¿Qué sucederá ahora? ¿Qué se puede hacer para obligar a los líderes del golpe a que negocien?

Hugo Chávez: No me corresponde decidir cuál será el próximo paso. Zelaya ha hecho un llamado al diálogo. Eso fue lo primero que hizo al llegar a la Embajada brasileña. Los golpistas han respondido con represión, muerte y terror. Creo que la naturaleza brutal del golpe lo conducirá a su propio fracaso.

Greg Grandin: Pero cómo explicaría la intransigencia de Roberto Micheletti, el presidente impuesto por el golpe. Queda cerca de un mes antes de las elecciones presidenciales pautadas para el 29 de noviembre y, si Zelaya regresa o no, sabemos que uno de los dos candidatos del Partido Liberal o del Partido Nacional, ambos conservadores, ganará las elecciones. Entonces, ¿por qué no querría negociar el gobierno de facto y permitir un simbólico regreso de Zelaya a la Presidencia por un corto período de tiempo para poder darle legitimidad a las elecciones?

Hugo Chávez: Noam Chomsky tiene un libro, que leí por primera vez cuando estuve en España, que se llama "El Miedo a la Democracia". Ahí está tu respuesta, miedo a la democracia. En Honduras había una democracia controlada por las elites, lo que se denominó como una democracia liberal, cuando en realidad era una falsa democracia. Honduras ha sido gobernada por un pequeño grupo que por mucho tiempo ha recibido el apoyo de Estados Unidos, país que empleó a Honduras como base militar en contra de otros países de América Central, en contra de Cuba y convirtió al país en colonia. Manuel Zelaya proviene de las filas del Partido Liberal; llegó al Gobierno como un hombre joven e inteligente que respiró los nuevos vientos provenientes de América del Sur, los vientos de cambio, me atrevería a decir incluso que eran vientos de revolución, aunque distintos a la revolución de los años 70. Esta revolución no se dio a punta de rifles sino por un pueblo pacífico; es una revolución democrática. Montesquieu dijo que los hombres necesitaban poder remontar la ola de los eventos. Y eso fue lo que Zelaya hizo.

Con su sombrero de vaquero subió y remontó la ola. Y apenas mencionó la cuestión de llamar a una asamblea constitucional para consultarle al pueblo acerca de refundar la República, la clase política que ha gobernado todo este tiempo, la burguesía hondureña, entró en pánico. Eso es el miedo a la democracia.

Greg Grandin: ¿Qué importancia tienen los eventos de Honduras para el resto del continente? Existen señales que la derecha, la derecha transnacional, se está reagrupando y que percibe en Honduras el primer campo de batalla en una lucha más grande para contrarrestar a la izquierda.

Hugo Chávez: Van a fracasar. Por supuesto que es importante no caer en la desestimación de la derecha internacional. Ha entrado en la ofensiva en muchos lugares. Atacaron a Venezuela, muy duramente, con el apoyo de Bush, como usted debe saber. Atacaron en Brasil al intentar desestabilizar a Lula para que el Partido de los Trabajadores no pudiese gobernar. Allí fracasaron. Atacaron a Bolivia, muy duramente, con todo el veneno de las serpientes, en su esfuerzo por derrocar a Evo Morales. Allí fracasaron. Atacaron a Ecuador y Rafael Correa aún está allí. Luego, en Honduras atacaron lo que percibían como - y en alguna manera lo fue - el flanco más débil. Pero se encontraron con una sorpresa. Por tres meses el pueblo hondureño ha estado en la calle con una fortaleza sin precedentes. Eso fue lo que consiguieron en el flanco más débil. Por eso creo que la derecha continental debería considerar muy bien su próximo paso. Aún no han podido consolidar su poder en Honduras, a pesar de contar con la unidad monolítica de la burguesía del país y el apoyo de las Fuerzas Armadas, es por eso que si deciden atacar en América del Sur fracasarán. Es una batalla, un juego de ajedrez que batallamos todos los días. Pero la derecha continental ha perdido su camino pues no posee un proyecto para gobernar. En Estados Unidos, el Gobierno está salvando a los bancos e interviniendo en la economía, no obstante, en América Latina la derecha sigue hablando del "libre mercado". Es un modelo completamente caduco. No poseen ni argumentos ni sentido común.

Greg Grandin: Pero tendrán siete bases militares estadounidenses en Colombia.

Hugo Chávez: Parece que hubiera dos Barack Obama. Y Ojalá que el Obama que habló hoy en la ONU sea el que salga victorioso al final. Pero fue también Obama quien aprobó las siete bases militares en Colombia. Nadie puede pensar lo contrario pues, 'quién es el Presidente y comandante en Jefe de las Fuerzas Armadas sino Obama? Si Venezuela decidiese enviar tropas a otro país, establecer una base militar en Puerto Rico, sería yo, como Presidente, quien tomaría tal decisión. Es por eso que Obama está lleno de contradicciones y ojalá que el pueblo de Estados Unidos, ustedes, el pueblo pensante, deben presionar a su Presidente. Si yo fuese un niuyorquino diría: "Señor Presidente, ¿por qué está instalando bases militares en Colombia? Le dije a Obama [en la Cumbre de las Américas en Trinidad y Tobago en abril] lo que le había dicho a Bill Clinton hace diez años - al menos uno podía hablar con Clinton - y lo mismo que le dije a George W. Bush - una sola vez pues uno no podía hablar de nada con él - "busquemos la paz en Colombia". Ojalá el pueblo de Estados Unidos le exija a su Presidente, a su Gobierno y a su Congreso que detenga las políticas guerreristas en el mundo entero. Obama dijo algunas cosas preocupantes el día de día, amenazas encubiertas. Por aquí tengo la frase, si no me equivoco, indica que Estados Unidos "sabrá cómo defender los intereses de todos". ¿Significa esto que el día de mañana Obama podrá decir que ha invadido a Irán para defender los intereses de Venezuela, México o Argelia? No, los intereses de Venezuela los defiende Venezuela. Estados Unidos debería defender los intereses de Estados Unidos. ¿Dónde está el pueblo estadounidense, los intelectuales, que pudiesen ponerle límites a su Gobierno?

Greg Grandin: Desde que el presidente Obama llegase al poder, ¿ha cambiado la política estadounidense con Venezuela en comparación con los años de la era Bush?

Hugo Chávez: Sí, es peor.

Greg Grandin: ¿Peor?

Hugo Chávez: Sí, peor. Las siete bases militares en Colombia representan una amenaza para Venezuela. ¿Por qué Obama - y hoy en la ONU enumeró todos los pasos que ha tomado [para mejorar las relaciones con el resto del mundo] - se ha negado a eliminar a la IV Flota de la Armada estadounidense? Fue Bush el responsable de reestablecer la IV Flota, una amenaza para toda América Latina. El Comandante de la misma indicó que su propósito era patrullar los ríos de América del Sur. A todos nos preocupa esto en América Latina y todos los países han expresado su preocupación a su propia manera: Venezuela, Bolivia e incluso Brasil. Ahora con las siete bases militares el conflicto colombiano se va a desbordar en toda América del Sur. Ojalá que Obama escuche otras voces y no sólo repita lo que el Pentágono dice; los mismos consejeros de Bush; los guerreristas.

Greg Grandin: ¿No considera irónico que la derecha en Estados Unidos ahora emplee las mismas tácticas y retórica para atacar a Obama que la derecha venezolana emplea en contra de su Gobierno? ¿Le dio seguimiento a lo que ocurrió hace dos semanas, en el marco de un discurso a escolares por parte de Obama, dónde lo atacaron en términos muy similares a las críticas empeladas en contra de la reforma educativa en su país?

Hugo Chávez: Ah sí, leí acerca de eso; dijeron que era adoctrinamiento socialista.

Greg Grandin: Exacto.

Hugo Chávez: ¡Si por lo menos fuese socialismo! Creo que tienen miedo. Y este miedo es peligroso, pues cualquier crítica independiente o razonable que pudiésemos hacerle a Obama - como la preocupación por la IV Flota, el cual es un esfuerzo por hacer que sus acciones sean coherentes con sus palabras - aquí dentro de Estados Unidos la derecha recalcitrante tiene miedo. Y lo odian, en primer lugar, porque es negro...

Greg Grandin: Ese es el debate que se está dando en estos momentos aquí en Estados Unidos…

Hugo Chávez: Jimmy Carter lo ha dicho. Ojalá que no asesinen a Obama debido a eso. Pero Obama también ha tomado el tema de la reforma social casi como si fuese un punto de honor debido a que hizo una promesa en la campaña electoral. Así mismo, tal como Obama sabe, lo hizo porque era necesario. Cada día hay más pobreza en Estados Unidos, cada día hay mas personas que no tienen acceso al sistema de salud, ni a medicamentos, a doctores e incluso al sistema educativo. Este país se está comiendo así mismo desde las entrañas. ¿Qué está ocurriendo con - ¿cómo es que se dice? - el "American Dream" (Sueño estadounidense)? Yo creo en el American Dream, pero en el sueño de Martin Luther King Jr., no en el sueño del consumismo, del capitalismo salvaje o del individualismo, toda esa locura. Eso no es un sueño sino una pesadilla. Actualmente la derecha recalcitrante está atacando duramente a Obama, lo tildan de socialista…

Greg Grandin: Incluso de nazi…Hugo Chávez: Sí, en efecto ¡hasta nazi le han dicho! Cuando nos conocimos en Trinidad y nos dimos la mano, la derecha lo masacró aquí por haber hecho eso: "¡Chávez! ¿Por qué estás saludando a Chávez?" Imagínense qué locura sólo por haber dicho hola. Es una cuestión irracional. La derecha aquí tiene miedo de que Obama esté despertando una corriente popular en el pueblo estadounidense e intentan detenerla. ¿A dónde se dirigen esos vientos? ¿Quién lo sabe? Pero tengo una pregunta: ¿Dónde está el pueblo de Estados Unidos? ¿Dónde está el pueblo cuando su líder intenta proponer algo que beneficie a su pueblo? El pueblo debe salir a las calles, no sólo a votar, sino a manifestar apasionadamente, a apoyar a su Presidente para que pueda cumplir su promesa. ¿Dónde está el pueblo?

Greg Grandin: Es la derecha la que se encuentra en las calles.

Hugo Chávez: Así es, la derecha se ha apoderado de las calles. Hay mucho por hacer. Los que representan el pensamiento progresista - y allí te incluyo - deben saber que sin el pueblo no hay democracia. El pueblo de Estados Unidos necesita despertar, despertar y ayudar a construir un nuevo país, una gran nación, una democracia verdadera. Obama pudiese representar una oportunidad y necesita de su apoyo con gran fuerza para poder contener a quienes se oponen de manera tenaz a cualquier tipo de cambio. Es igual a lo que sucede en Honduras; es la misma situación. La comunidad progresista de Estados Unidos debe apoyar a Obama para lograr el cambio y luego debe exigir aún más cambios y más cambios, y más cambios.

Greg Grandin: Existe un sentimiento entre los progresistas en Estados Unidos que la Revolución Bolivariana ha llegado a sus límites, al menos a nivel interno. Han oído mucho acerca de su antiimperialismo y sus esfuerzos por lograr un mundo multipolar, pero saben menos acerca de los que está sucediendo dentro del país, los éxitos y fracasos en el avance de la "democracia protagónica".

Hugo Chávez: Muchos analistas políticos - la mayoría de ellos voceros de la derecha - así como los medios de comunicación - dominados también por la derecha - van por ahí creando la idea que el Gobierno de la Revolución Bolivariana está al borde del colapso. La caída de los precios del petróleo nos afectó de alguna manera pero no de manera fundamental, no en las raíces de la base del proceso. Estamos atravesando etapas. Estamos comenzando la segunda década de la revolución y nos estamos acercando a un nuevo horizonte político. Los Consejos comunales, por ejemplo, siguen creciendo y han evolucionado en un proyecto más ambicioso: la comuna socialista. Estamos dejando atrás - lentamente pero seguro, no en día, ni uno o cinco años - la dependencia en el petróleo y hemos avanzado en la industrialización del país. Si algunas personas aquí creen - de buena fe, como los lectores de "The Nation" - que la Revolución Bolivariana está exhausta, diles que no es así. Puedes decirle que vayan y vean por sí mismos. Por supuesto, Venezuela es un país que tiene problemas, y el Gobierno revolucionario ha tenido fracasos y cometido errores, pero es un proceso continuo...

Greg Grandin: Venezuela ha logrado reducir impresionantemente la pobreza, la desigualdad, el desempleo...

Hugo Chávez: Hemos logrado casi todos los Objetivos de Desarrollo del Milenio. Estuve aquí en Nueva York hace diez años, en la cumbre del Milenio, e incluso me dieron la tarea - aún no me consideraban el diablo, aunque sin lugar a dudas aún me estaban evaluando - para coordinar una de las mesas redondas. Allí estuve unos días trabajando día tras día y llegué a hablar con Clinton. Fidel estaba allí también. Recuerdo el día que Fidel le dio la mano a Clinton; Clinton y Fidel, y fui testigo de su corta conversación. Tuvimos reuniones con delegados de África,

Asia, China y Rusia. Actualmente proponemos los mismos objetivos [la reducción de la pobreza]. Pero actualmente, a nivel mundial, somos más pobres que hace diez años. Y no sólo en números absolutos pero en números relativos. Pero en Venezuela la pobreza sigue en descenso. El desempleo sigue cayendo. El salario mínimo es el más alto en América Latina. El Seguro Social sigue llegando cada vez a más personas. El nivel de calidad de vida ha aumentado en Venezuela y, según las medidas empeladas por el Programa para el Desarrollo de la ONU, estamos entre los primeros puestos en el desarrollo humano. Estamos lejos de nuestras metas, pero hemos abandonado el infierno dónde estábamos. Hemos atendido a los excluidos, hemos llevado campañas de alfabetización y actualmente Venezuela es territorio libre de analfabetismo. La pobreza se ha reducido a la mitad de lo que era hace diez años, lo cual es uno de los Objetivos del Milenio. En cuanto al acceso al agua potable, hace tiempo cumplimos con tal Objetivo del Milenio. En materia de educación hemos doblegado el número de niños y niñas que van a la escuela. Es posible dejar la pobreza atrás; es posible sacar a la gente de la miseria. A eso lo llamamos socialismo, En las reflexiones de Obama - las que he escuchado - hay elementos de tal pensamiento. No lo llamamos socialismo, pero es una reivindicación de las políticas públicas.

Greg Grandin: Lo que usted ha logrado a inspirado a mucha gente, pero ¿podría hablar de los fracasos o de los planes concretos que tiene para lidiar con la problemática actual, como la inflación, el crimen y la inseguridad?

Hugo Chávez: En todos los frentes hay fracasos y aún tenemos mucho trabajo por hacer. Actualmente estamos en el proceso que he denominado "Las tres erres: revisión, rectificación y reimpulso"; en materia de salud, en educación, en la mejora de los servicios y en la corrección de los errores. Estamos incrementando la democracia protagónica y participativa. El tema de la delincuencia es un problema mundial, no se limita sólo a Venezuela. La corrupción nos ha hecho daño. Creo que Obama habló esta mañana acerca del problema de la corrupción en los países en desarrollo. Pero aquí en Estados Unidos también hay mucha corrupción. En Europa hay corrupción. El capitalismo es el reino de la corrupción. Todo lo que sucedió con las grandes corporaciones, con los grandes bancos, con las grandes compañías de seguro. ¿Qué fue todo eso? Fue Corrupción, corrupción de valores, fraude en contra del pueblo y robo a la ciudadanía. Ahora, como mencioné antes lo de una nueva etapa, entre 2010 y 2020, me estaba refiriendo sobre todo a un proyecto que resuelva todos esos problemas, esa debilidad.

Greg Grandin: ¿Pero cómo exactamente? ¿Me podría dar ejemplos concretos en lo referente a la violencia y la seguridad pública, por ejemplo? Un informe reciente afirma que Caracas - en términos de tasas de homicidio - es la segunda ciudad más violenta del mundo después de Ciudad Juárez

Hugo Chávez: ¿Ciudad Juárez?

Greg Grandin: Ciudad Juárez.

Hugo Chávez: Creo que hay ciudades en Estados Unidos que son más violentas. No quisiera minimizar el problema. Fíjate, estamos atacando el problema con mucha energía y con varios programas. Por ejemplo, hace poco aprobamos una legislación que reestructura la Policía Nacional, pues históricamente, desde hace muchos años, las policías estaban penetradas por la delincuencia. Es por eso que estamos intentando limpiar la policía. Pero al fondo de todo esto yace un problema cultural. En todos estos países, la delincuencia desbordada forma parte de una crisis moral. Habría que preguntarse, ¿cuántos niños y niñas en estos momentos están viendo violencia en la TV o en Internet? ¿Y la música que promueve el uso de drogas y el sexo irresponsable? Todo esto es producto del sistema capitalista, de la cultura del capitalismo, del hiper individualismo. Forma parte de la gran crisis de estos tiempos y se requiere un mundo nuevo con nuevos valores. Como decía Jesucristo: "Amad a los demás como a ti mismo". Si uno ama a los demás como a uno mismo, uno sería incapaz de hacerle daño a los demás.

Greg Grandin: Una última pregunta. Desde 2003, la relación entre usted y el presidente brasileño Luiz Inácio Lula da Silva ha sido fascinante. Al trabajar juntos en el campo de las relaciones internacionales. Usted ha liderizado lo que algunas personas han descrito como la segunda independencia de América del Sur, o al menos ha contribuido con el fin de la Doctrina Monroe. Pero en menos de un año, tal relación va a llegar a su final cuando el segundo, y último, mandato de Lula termine. Nos encontraremos en un mundo "post Lula". ¿Ha pensado en cómo eso va a afectar su política exterior dado que ambos han trabajado tan...

Hugo Chávez: Estrechamente.

Greg Grandin: Sí, estrechamente

Hugo Chávez: Coordinadamente.

Greg Grandin: Sí, coordinadamente.

Hugo Chávez: Lula es una gran persona, un gran compañero. Intentaron crear una fisura entre nosotros pero no pudieron. Tengo la esperanza que después de Lula venga alguien que siga por el mismo rumbo. Lula ha logrado poner su propio sello en Brasil. Brasil había perdido el rumbo; había caído en las manos de, bueno, de gobiernos neoliberales. Adolecía de liderazgo. Hace cuatro o cinco años Brasil se encontraba a punto de perder sus reservas petroleras. Pero ya eso no es así. Lula rescató a [la compañía petrolera estatal] Petrobrás; logró invertir recursos y recuperó la independencia de Brasil. El país ya no depende del Fondo Monetario Internacional. Las reservas monetarias de Brasil han crecido exorbitantemente debido a las exportaciones. La actitud de Brasil hacia sus vecinos más pequeños ha cambiado considerablemente; hacia Paraguay, Ecuador, Bolivia, los países más pequeños y más débiles, y todo eso ha sucedido gracias a Lula. Este será el gran legado de Lula y será muy difícil que cambie. Muchas cosas cambiarán. Alguien llegará a la Presidencia y dejará su propio sello y su propio estilo. Pero ahora Brasil está de pie. En lo relacionado con Venezuela, habrá cambios en las relaciones que tenemos, en la alianza estratégica. Pero tengo mucha fe en la persona que venga, sea hombre o mujer de izquierda del Partido de los Trabajadores, continuará intentando lograr el reto descrito por Lula en su toma de posesión. Hay que recordar que el golpe de Estado de 2002 en Venezuela no fue sólo en mi contra, sino en contra de Lula, quien era entonces candidato presidencial. El golpe tenía intenciones de tener un efecto demostrativo. Le estaban diciendo al pueblo brasileño: "Miren lo que les puede pasar". Por eso estuve allí cuando Lula tomó el poder el 1 de enero de 2003. Nunca lo olvidaré. Nos encontrábamos en una terrible batalla a lo interno, una batalla de desestabilización, de sabotaje petrolero y económico, de terrorismo y de amenazas de nuevos golpes de Estado. Pero quería ir a Brasilia. Estando allí, Lula nos dijo que necesitábamos un proyecto que incluyera a toda América del Sur. Sabía que tal reto iría más allá de Lula, más allá de Chávez y más allá de Evo. Cuando cada uno de nosotros no esté más, el pueblo estará de pie y América del Sur será América del Sur con voz propia.

Greg Grandin, professor de Historia en la Universidad de Nueva York, es el autor del libro "Fordlandia: El auge y caída de la olvidada ciudad de la jungla de Henry Ford" (Fordlandia: The Rise and Fall of Henry Ford's Forgotten Jungle City). Actualmente ejerce funciones en el Comité Editorial del Congreso Norteamericano sobre América Latina (North American Congress on Latin America o NACLA)

http://www.cubadebate.cu/noticias/2009/09/28/ hay-mucho-por-hacer-una-entrevista-con-hugo-chavez

No a las Bases Militares en Latinoamérica, consenso de UNASUR

Publicado el 29 Agosto 2009 en Especiales, La izquierda en América Latina

Síntesis de las intervenciones de los Presidente en la Cumbre Extraordinaria de la UNASUR llevada a cabo en Bariloche para debatir la instalación de la bases militares de EEUU en Colombia. 28 de agosto de 2009

Cristina Fernández, Presidenta de Argentina

•El objetivo central de la reunión es fijar una doctrina común para la evaluación y manejo ante situaciones de tensión como la que plantea el acuerdo militar entre los Estados Unidos y Colombia.

•Tenemos que fijar normas uniformes, que no sean un doble estándar para la instalación de fuerzas extraterritoriales en América del Sur. La doctrina tiene que ser para todos y en todas las circunstancias, junto con un sistema de contralor para garantizar la soberanía de cada uno de los integrantes de la UNASUR.

•Debemos trabajar por reglas en común sin doctrinas de unilateralidad que vengan a perturbar la paz de la región.

•Debemos apoyar la institucionalidad y la democracia en Bolivia y condenamos el golpe de Estado en Honduras.

•Insto a los Presidente a exponer sus ideas con un tono que evite caer en adjetivaciones o calificaciones.

Rafael Correa, Presidente de Ecuador

•En la reunión de Quito, donde recibí la presidencia pro témpore, surgió la inquietud de tratar el tema de las bases militares en nuestra hermana Colombia y decidimos tener este encuentro solidario en Argentina. Esperamos que sea una reunión fructífera, con agenda abierta.

•Se ha sugerido que esta reunión sea abierta a los medios e comunicación. En particular no tengo problemas, pero si hubiera objeción pudiéramos discutir ese punto. El tema fundamental son las bases militares en Colombia, el tráfico de armas en la región, el narcotráfico, convenios militares en la región y el caso de Honduras.

•Existen conflictos en la región pero hay que procesarlos de forma democrática, en paz. Es la primera vez que en América Latina se trata la instalación de bases extra regionales en el continente. Esto demuestra que UNASUR también está sirviendo para analizar esta clase de problemas.

Álvaro Uribe, Presidente de Colombia

•Colombia ha tenido una serie de acuerdos con EE.UU desde el 1952. En el 2000 se dio un paso muy importante que es el Plan Colombia, acuerdos QUE se han enmarcado en el conjunto de normas multilaterales para el control del tráfico ilícito de sustancias estupefacientes.

•Colombia ha hecho esfuerzos en la suscripción de convenios con Argentina, con Brasil para eliminar el flagelo de la droga y deseamos poder adelantar convenios con todos los países, especialmente con los vecinos, donde se presentan las mayores dificultades. Con Brasil en muchas ocasiones hemos examinado el tema, esta semana hubo una reunión muy positiva entre los Ministros de Defensa. Tenemos memorando de entendimiento con Ecuador, Nicaragua, Venezuela, un acuerdo en 1998, que dejó de implementarse por decisión de ese gobierno en el 2001 y con la República del Ecuador, que en teoría estaría vigente pero que no se aplica actualmente.

•Este acuerdo con Estados Unidos tiene unos elementos muy importantes, la corresponsabilidad de la lucha contra el terrorismo y las drogas, en ámbito en el que el tema trasciende las declaraciones discursivas.

•Colombia, que ha sufrido este flagelo, en todos los foros recibe declaraciones de solidaridad y pésame, pero pocas veces una cooperación práctica.

•La ayuda que nos ha dado Estados Unidos ha sido práctica, eficaz. Esa eficacia nosotros estamos dispuestos a examinarla con ustedes a lo largo de la reunión y a ser parte de la explicación de la corresponsabilidad que no puede ser una norma que se quede viva en el texto de las declaraciones de la diplomacia y que no tenga vigor y aplicación práctica en el día a día de la lucha contra el terrorismo.

•El área desmilitarizada que le dimos a las FARC la utilizaron para secuestrar, para hacer crecer los cultivos ilícitos y avanzar en su propósito de establecer un imperio terrorista.

•Este acuerdo con los Estados Unidos mantiene el principio de la libertad soberana. No hay renuncia Colombiana a soberanía. Se rige por el principio de la integridad territorial de los estados y hay una cuestión importante, el acceso en los Estados Unidos para ayudar a Colombia en la lucha contra el narcoterrorismo, es un acceso sin renuncia de Colombia a la soberanía sobre un milímetro del territorio.

•Muchas generaciones de colombianos no han vivido un día en paz. Los hechos que han producido en Colombia estos grupos son como los de estas fotografías. (Muestra fotos donde se ve la masacre a varias familias.) Estamos hablando de una amenaza que ha vertido en sangre a la sociedad colombiana, no de un tema liviano de soberanía, sino del derecho fundamental de la sociedad colombiana de superar esta amenaza que tanta sangre ha producido.

•Cuando Europa, Estados Unidos y Canadá, al reconocer estas realidades han declarado estos grupos como terroristas, a nosotros nos sigue inquietando que América Latina no lo haya hecho. Solo se ha avanzado en denominar algunos hechos, no al grupo.

•Este acuerdo con Estados Unidos ha sido importante para apoyar la justicia en Colombia que es independiente del ejecutivo y autónoma... hemos recuperado el monopolio de la justicia de estado y el monopolio de las instituciones estatales para combatir a todos los criminales.

•Nos preocupa que no haya severidad al tratar a estos grupos como terroristas, que se les acepte connotaciones políticas, que de ve en cuando surja la disparates de reconocimiento de beligerancia. Tienen escondites, pero no control territorial. Lo que hacían era desalojar con la intimidación la justicia de estado. Nos preocupa que en algunos discursos se les tenga a estos grupos como aliados políticos. Nos preocupa que estos grupos puedan esconderse en territorios fuera de Colombia y vengan a cometer crímenes en Colombia y regresen a esconderse allá.

•Creemos que hay que buscar por canales diplomáticos la manera de que eso no se siga dando. Nos preocupa que a esos grupos se le encuentren armas provenientes de otros países.

Tabaré Vázquez, presidente de Uruguay

•Quiero expresar nuestro acuerdo en que Suramérica tiene que ser una tierra de paz, una tierra de libertad, de soberanía, de democracia.

•Para lograr ese estado de paz, que es de bienestar social, y recordando lo que la OMS hace para definir la salud que no es solo la falta de patología sino el estado físico, psíquico y social y para lograr esa tierra, hay que trabajar duro y fuerte para eliminar las patologías que estamos padeciendo: luchar contra el terrorismo, la violencia, el narcotráfico, la injusticia social y tratar de eliminar los factores que llevan a que esta tierra sea la peor que distribuye su riqueza.

•La solución de las controversias debe ser resuelta por la vía pacífica, del análisis profundo, poner los temas en cuestión sobre la mesa para ser discutidos.

•Uruguay aboga por la no intervención en otros estados, aboga para que en nuestro territorio no existan bases militares extranjeras como tampoco en ninguno de los países de nuestra América del Sur.

•Por eso rechazamos la instalación de bases extranjeras en las Islas Malvinas y lo hacemos sin estridencia pero tratando de actuar con eficacia. Uruguay se negó a que avión británico cargara combustible en el país para abastecer a aviones en Islas Malvinas.

•Uruguay va a actuar para no reconocer a la actual embajadora de Honduras que ha reconocido su adhesión al gobierno de facto. Uruguay no reconoce más a esta embajadora como embajadora de Honduras en nuestro país.

Hugo Chávez Frías, Presidente de Venezuela

•Hemos escuchado la intervención del Presidente Uribe, hemos tomado nota de ella.

•Hay un tema central que aquí nos trajo y es el tema de la instalación, en Colombia, de siete bases militares o como se les llame.

•Coincido con Rafael Correa en la necesidad de que Uribe presente el "documento integral" o que al menos lo adelante para salir de tantas dudas e incógnitas que, por lo menos, tiene Venezuela.

•La estrategia global de dominación de Estados Unidos es la razón por la que están instalando esas bases en Colombia.

•Traje un documento que creo que pudiera ayudar a tener más claro el panorama, el llamado Libro Blanco del Comando Aéreo de EEUU (Global En Route Strategy) que hasta hace poco se podía consultar en la página web de la Universidad de la Fuerza Aérea estadounidense (www.au.af.mil). Dicho documento menciona la base colombiana de Palanquero como uno de los objetivos para movilización de tropas.

•Palanquero es una localidad de seguridad de cooperación. A partir de allí, casi la mitad del continente puede ser abarcado por un (avión de transporte militar pesado) C-17 y debería ser suficiente para la estrategia de movilidad aérea en el continente sudamericano.

•Apruebo la propuesta de Lula de que la Cumbre debería haberse celebrado en presencia del estadounidense Barack Obama. Sería importante que Obama nos aclarara esas cosas. Sería interesante, también, conocer el documento del acuerdo EEUU-Colombia.

•En Venezuela no hay bases militares chinas ni rusas, ni presencia militar de esos países, pese haberles comprado armas.

•Menos mal que Lula encontró suficiente petróleo y sigue consiguiendo petróleo, para no estar sólo nosotros en la mira del petróleo que necesita el imperio para mantenerse.

•Sabrán que aquí se está hablando de movilidad para la guerra. En Honduras el presidente (Manuel) Zelaya fue secuestrado en un avión a punta de fusiles y ese avión aterrizó antes de ir a Costa Rica en una base militar que tiene Estados Unidos muy cerca de Tegucigalpa.

•No hay ninguna duda" de que el acuerdo de Estados Unidos con Colombia forma parte de la "estrategia militar global de EE.UU., más que de la lucha contra el narcotráfico. Para Venezuela las bases son motivo de alta preocupación".

•A Venezuela no le suministran repuestos para nuestros aviones. Bloquean cualquier compra en cualquier parte del mundo. Tienen un bloqueo para evitar que tengamos un avioncito, un radar. Por eso fuimos a Moscú y a Pekín, pero no hay bases militares chinas ni rusas en Venezuela. La URSS desapareció hace bastante tiempo, el imperio yanqui lamentablemente todavía no desaparece.

•Este documento pudiera ayudarnos a entender un poco a un nivel más estratégico.

•Quería agregar y me atrevo a proponer que la UNASUR, que tiene conformado el Consejo de Defensa, revise todo este material y considere las bases de Estados Unidos, en Colombia que son para Venezuela de alta preocupación.

Rafael Correa, Presidente de Ecuador

•En este documento que ha presentado el Presidente Chávez, Estados Unidos nos trata todavía como patio trasero.

•Hay dos propuestas: que se analice este documento y que pidamos una reunión con el Presidente Obama. Quisiera proponer que el Consejo de Defensa de UNASUR nos presente un informe de las consecuencias de este documento para la región. Segundo que pidamos una reunión con el Presidente Obama.

Evo Morales, Presidente de Bolivia

•Durante la colonia los pueblos indígenas han sido sometidos, humillados por políticas externas. Somos víctimas de la presencia militar de Estados Unidos en mi país como pretexto de la lucha contra el narcotráfico.

•La Historia de Suramericana ha estado llena de intervenciones políticas y militares de Estados

Unidos. Intervenciones con muchos mecanismos. Cuando hay gobiernos que luchan por la seguridad y soberanía palos, golpes militares.

•Cuando hay gobierno sumiso al imperio, cooperación. Esa es la historia de Suramérica…

•Primero, utilizaron la "doctrina del anticomunismo" para perseguir a los dirigentes sindicales que luchan por su reivindicación… Luego vino la doctrina antisubversiva, anti narcotráfico. Éramos narcotraficantes cuando no podían identificar a los movimientos sociales con doctrinas comunistas. Desde el 11 de septiembre de 2001, somos terroristas.

•La Historia en Latinoamérica se repite y es en el fondo la Historia del dominio del imperialismo norteamericano sobre nuestros pueblos, por el interés de sus recursos naturales y por otros intereses.

•En mi Presidencia, como no queríamos conspiración política, sacamos al embajador de Estados Unidos. Permitir que vengan militares extranjeros a nuestro país es descalificar a nuestras Fuerzas Armadas y a nuestra Policía Nacional.

•Cuando queremos comprar equipamiento para combatir el narcotráfico, Estados Unidos no quiere que compremos, hay que pedirles permiso. Si quieren apoyar nuestros esfuerzos en ese sentido, por qué se oponen a la compra de tecnologías para luchar contra el narcotráfico…

•Estados Unidos trata de crear desconfianza en los presidentes de Latinoamérica que estamos gestando la unidad.

•El Presidente Obama declaró que no ha ordenado instalación de bases norteamericanas en Colombia, porque la Constitución de Colombia solo permite el tránsito de tropas extranjeras por la República y no la presencia de estas.

•Si nadie quiere una base militar, por qué no podemos firmar un documento consensuado por la unidad y soberanía de nuestros pueblos que diga que los presidentes sudamericanos no aceptan bases militares de Estados Unidos ni de ningún otro país.

•Se trata de buscar la paz y mientras haya presencia de uniformados extranjeros en un país sudamericano, difícilmente podemos pensar que va a haber paz.

•No hay por qué estar dudando de una declaración de Presidentes para rechazar bases militares en nuestros países. Cuando superemos este tema va a haber confianza para seguir construyendo la unidad de Suramérica. No podemos ser instrumento de la división de Suramérica.

•Los imperios nunca han querido la unidad de Suramérica. El imperio norteamericano nunca va a querer la unidad de Suramérica. Quiero asumamos nuestra responsabilidad para que nunca más se levanten los imperios sobre los pueblos.

•Quiero irme de esta reunión con este documento firmado que diga que no va a haber base militar extranjera en Sudamérica. Si es eso lo que quieren estudiar ministros y cancilleres, que lo estudien.

•Tengo ese mandato del pueblo de Bolivia y no solo de los movimientos sociales de Bolivia, para decir esto: rechazo la instalación de bases militares extranjeras en Sudamérica.

Alan García, Presidente de Perú

•Pienso que es una buena oportunidad de poner las cartas sobre la mesa y decir de qué se trata este acuerdo con Estados Unidos, de qué bases o apoyo estamos hablando, qué presencia es ésa. Y en esto le creeré al presidente Uribe.

•Lo que nos alarma es que, mientras queremos construir un polo de referencia mundial, podamos vernos como parte de una estrategia de otros bloques militares ajenos a la región. Es lo que alarma a los presidentes y a nuestros pueblos.

•En el caso de que los presidentes de los países sudamericanos eviten analizar la crisis diplomática regional desde esta perspectiva estaremos traicionando la esencia de América del Sur al colocar a la región en un conflicto internacional. Y eso es motivo de alarma.

•Si se trata de que Estados Unidos ponga aviones invisibles y radares esféricos en Colombia, yo me siento tentado a suscribir un documento de rechazo a las bases. Si se trata de un acuerdo circunscrito al área colombiana, no me parecería una amenaza.

•Mi país tuvo acuerdos de cooperación con Estados Unidos en la lucha contra el narcotráfico durante años. Pero jamás hemos pensado que puedan venir bombarderos invisibles o radares esféricos a nuestro territorio.

•Sugiero que UNASUR establezca un mecanismo de verificación al que nadie puede negarse, para ver qué cosa tenemos, y que vea en qué consisten esas bases o apoyos que han motivado esta reunión.

•Es vergonzoso que presidentes que se dicen defensores del pueblo, compraron el año pasado 38 mil millones de dólares en armas. Eso es más que suficiente para solucionar la vida de millones de familias en el continente.

Rafael Correa, Presidente de Ecuador

•Alan García ha dicho que ahora hay más objeciones y conflictos. No coincido con eso, lo que ocurría antes era que no se discutían las cosas.

•Es un signo positivo, de esperanza que ahora podemos debatir estos temas fraternalmente.

•Este tipo de problemas que estamos discutiendo sobre la presencia de bases militares norteamericanas, siempre han existido, lo que no se debatían.

•No todas las decisiones de UNASUR se toman por consenso. Eso es un error. Comparto que todo no debe ser el consenso.

•Por último, abogo que exista la capacidad del Consejo de Defensa de verificar el uso de las bases en de nuestros países. Quien nada debe, nada teme.

•No solo verificar las bases que van a ser utilizadas por tropas norteamericanas en Colombia, sino que verifique cualquier base militar en Suramérica

Alan García, Presidente de Perú

•Ahora el gran mercado del narcotráfico está constituido por Asia y Europa y también está en nuestro continente. Estados Unidos es una parte del tráfico y tal vez ya no la más importante. Por qué no tenemos un cuerpo de acción concreto para luchar contra este flagelo. Por qué no constituimos los cascos verdes de Latinoamérica.

Rafael Correa, Presidente de Ecuador

•Revisemos las leyes antidrogas, impuestas por los Estados Unidos a inicios de los 90 y para todos los países es igualito.

Cristina Fernández, Presidenta de Argentina

•Los dispositivos en las bases de Palanquero tienen que ver más con guerras convencionales que con la lucha contra el narcotráfico.

Michelle **Bachelet, Presidenta de Chile**

•Creo que tenemos que esforzarnos aún más por una creación de confianza con los estados vecinos, incluso con los no vecinos; es importante la transparencia en la naturaleza y alcance de contratos suscritos con terceros países.

•Debemos entregar garantías explícitas de no amenazas y que los contratos no tendrán alcance extraterritorial, lo cual considero indispensable para fortalecer la cooperación regional en las llamadas amenazas con medidas de confianza muy útiles para avanzar y disminuir las tensiones

•Necesitamos ser capaces de adoptar una posición sobre la agenda de seguridad de nuestros pueblos.

•Quisiera reafirmar nuestro acuerdo con los principios de la UNASUR con respecto ala soberanía e inviolabilidad de los estados con la determinación de los pueblos.

•En Quito acordamos construir el Consejo Suramericano contra el narcotráfico expresando nuestra voluntad clara de fortalecer nuestro proceso de integración.

•En otra instancia tenemos que juntarnos y debatir sobre el golpe de Estado en Honduras. Creo que el futuro de UNASUR depende de nuestra capacidad para superar los desafíos, pero lo esencial es que los gobiernos tengan capacidad política.

•Renovamos nuestro apoyo de Chile por la legítima demanda de Argentina sobre las Islas Malvinas.

Fernando Lugo, Presidente de Paraguay

•Cuando en Quito pensábamos tener un encuentro aquí, decíamos que el Presidente Uribe no se debe sentir interpelado por nosotros. He intentado ponerme en sus lugar con las múltiples dificultades en su país, no menos que las que tenemos en los nuestros, así como la documentación presentada por Chávez.

•Quisiera abogar por el restablecimiento de relaciones plenas de todos nuestros países. Sé las dificultades entre nosotros. Si tenemos una historia común, también tenemos procesos diferenciados en nuestros países y esto es una riqueza que tiene que ayudarnos a una integración regional como la de UNASUR y que nunca falte este diálogo político con altura…

•Se nos ha despojado de valores morales y materiales y no podemos desaprovechar este tiempo para construir estados, pueblos genuinamente independientes y abiertos a la integración.

•Por eso insto a no perder estos espacios y unirnos para enfrentar la ilegalidad, el tráfico de armas y de drogas que no nos ayudan a crecer a nuestros pueblos.

•Si las bases militares en Colombia no constituyen peligro, enhorabuena, pero si constituyen un peligro UNASUR tiene que pronunciarse.

Luiz Inacio Lula da Silva, Presidente de Brasil

•Ya he conversado sobre esto con Uribe y le dije que respetamos la soberanía de cada país. Pero queremos resguardarnos, sería importante que en el tratado existan garantías jurídicas o un foro internacional para eso,

•Debemos abogar por la presencia de instrumentos que nos aseguren que la presencia militar de Estados Unidos es algo específico al territorio colombiano. Porque el acuerdo no lo prohíbe. Y el que no prohíbe algo, lo permite.

•La discusión debería ser ampliada, no sólo para analizar el papel de esas tropas estadounidenses en Colombia, sino el rol de Estados Unidos en América Latina.

•Hable con el presidente Barack Obama sobre esta cuestión y le expliqué el nivel de sensibilidad que el acuerdo con Colombia despertó en la región. Le dije al presidente Obama que era importante que podamos discutir estas cuestiones, tal vez de forma paralela a la Asamblea de la ONU. Pero hay problemas de agenda. Yo creo que debemos provocar una buena discusión con el presidente Obama, sobre el rol de Estados Unidos en la región.

•Me permito sugerirle a Uribe que la necesidad de tener tropas estadounidenses para combatir el narcotráfico y el terrorismo podría ser objeto de una revisión.

•Lo que quisiera decirle a Uribe, con todo el respeto, es que si las bases existen allí desde 1952 y todavía no está solucionado el problema, debemos repensar qué otras cosas podemos hacer en conjunto.

Rafael Correa, Presidente de Ecuador

•Los vecinos no acogemos grupos terroristas para atacar a Colombia, es exactamente lo contrario. Grupos como las FARC (Fuerzas Armadas Revolucionarias de Colombia) actúan en territorios ecuatorianos. Hemos tenido que mandar 1.500 hombres además de los 10.000 que tenemos en Esmeralda.

•Nosotros no limitamos con Colombia, sino con las FARC. De un lado está Ecuador con cultivos lícitos y del otro lado está el mar verde de cultivo de droga. El problema es Colombia. El 20 por ciento de las fuerzas ecuatorianas está en la frontera con Colombia. Por eso Ecuador está libre de droga. Colombia tiene sólo 3.000 hombres en la frontera, que es el 1 por ciento de sus fuerzas.

•El millonario Plan Colombia, que se inició hace más de diez años, ha sido un fracaso y sólo ha reducido 10.000 hectáreas de producción de droga en ese país.

•En un informe de 2005, el Senado estadounidense que integraba Barack Obama concluyó que había una falta de pruebas evidentes en la lucha contra el narcotráfico de la mano del Plan Colombia.

•Se ha demostrado que esta lucha militarista es un fracaso.

•El gobierno colombiano tiene medios militares propios suficientes para combatir el narcotráfico y Colombia no va a poder controlar a los norteamericanos.

•Si el acuerdo contempla inmunidad para los soldados estadounidenses e insistió en que quisiera conocer todo el documento, porque ese acuerdo traspasa la soberanía de un pueblo".

•En cuanto a la escalada armamentista en la región, según nuestras informaciones, parte de las armas utilizadas por grupos irregulares que actúan en Colombia proceden de Perú y no podemos olvidar que soldados estadounidenses han sido detenidos suministrando armas a los paramilitares. Analicemos de dónde viene el tráfico de armas.

Runaldo Ronald Venetiaan, Surinam

•La delegación de Surinam ha asistido a esta reunión para contribuir al desarrollo de UNASUR y de la unidad suramericana. Vemos signos de impaciencia.

•Hay muchos temas en la pequeña región donde nos encontramos nosotros, pero tanto en el Continente como en el mundo existen problemas que tienen que ver con militares.

•Debemos tratar de solucionar los problemas que existen entre los estados. Cada uno de nuestros países merece respeto. Los principios de no intervención se debe respetar como el de la soberanía.

•Colombia tiene la libertad para conseguir apoyo en la lucha contra el narcotráfico, pero Surinam se da cuanta que a parte del derecho de soberanía hay un derecho regional que debe ser protegido.

•Suscribimos la preocupación por la legalidad de la decisión de Colombia.

•Apoyamos que se creen instrumentos que analicen estos temas.

•Quisiéramos ayudar a sostener la colaboración auque entiendo que hoy no va a haber una solución final, pero espero que podamos conseguir a base de confianza y respeto instrumentos mediante los cuales se intente solucionar estos problemas.

Álvaro Uribe, Presidente de Colombia

•Nuestra política es el entendimiento entre los estados no entre fracciones partidistas.

•Colombia comprende que los beneficios del derecho internacional público no se pueden invocar en beneficio propio, cuando lo hacemos lo hacemos en beneficio del pueblo colombiano. Es importante decirlo. Para nosotros la soberanía, es un tema que exige el respeto a los vecinos.

•Para nosotros es importante que el proceso de UNASUR no se desvincule de la OEA ni vaya en contra. Colombia cree que UNASUR no puede ir en contra ni ser indiferente al sistema interamericano que gira alrededor de la OEA.

•Nosotros comprendemos lo que ha hecho el Presidente Tabaré Vázquez que nuestro continente tiene que ser una tierra de paz, lo deseamos.

•Chávez, este documento que él ha leído es público, no es un descubrimiento. Lo que hemos averiguado es que no es un documento adoptado en Estados Unidos, sino una propuesta del bloque académico.

•Venezuela también tiene juegos de guerra donde no aparece el nombre de Colombia, pero de los mapas se infiere. No puedo ocultar esta preocupación, En varias ocasiones el Presidente Chávez ha expresado que prende los aviones Sukoy y que en pocos minutos está en Colombia. Estos documentos y esas amenazas verbales las pondría en la ecuación. Jamás nosotros le hemos hecho una amenaza verbal.

•La Constitución de Colombia no permite que el gobierno autorice tránsito de tropas, de aviones sin permiso.

•El alcance del acuerdo que Colombia ha hecho con Estados Unidos no puede llevar a Colombia a insertar allí tránsito de tropas o de naves de guerra…

•Con respecto a la de Carmona, no se puede comparar un procedimiento jurídico que otorga un asilo con reclamo de ayudar a capturar a delincuentes como Iván Márquez o Timochenko que están en Venezuela.

•Presidente Morales, comprendo que para usted la prohibición de bases de Estados Unidos necesariamente tendría que entenderse hoy como la no aprobación del tratado de Colombia con Estados Unidos. Por mucho que digamos que no son bases, podemos demostrar que no son bases norteamericanas y seguirían diciendo que si son bases norteamericanas.

•No me parece que debamos llamar a cuentas al Presidente Obama, esta el sistema interamericano, la OEA, las Naciones Unidas. Una cosa es tener un buen diálogo con Estados Unidos y otra es llamar a cuantas al Presidente Obama. El Máximo autorizado de presencia de contratista de militares norteamericanos en Colombia no varía de 800 personas.

•A medida que avance el diálogo contractivo podemos tomar medidas para combatir el narcotráfico. Los radares son restringidos a esta lucha, no para uso estratégico.

•El acuerdo (con EE.UU.) está cerrado pero no tenemos inconveniente en que el Consejo analice esta cuestión. Pedimos que se miren todos los acuerdos militares en la región y las denuncias contra tráfico de armas.

•Lo que Colombia ha comprado no tiene como objetivo guerras entre naciones sino un problema interno de narcotráfico y narcoterrorismo.

•Queremos avanzar en los acuerdos con Brasil y los países con los que concurrimos en la zona Amazónica. Su gobierno, Presidente Lula, no tiene una sola queja del Plan Colombia en la zona Amazónica. Hemos incorporado un programa que se llama familias Guardabosques que ha demostrado la eficacia para ayudar a proteger la selva de los ataques del narcotráfico, el desequilibrio en el suelo, la flora.

•Satélites internacionales muestran tráfico de vuelos ilegales de vuelos que salen de Colombia a otros países. Justo para eso queremos la cooperación. En el 2003 trazas ilegales inundando el espacio aéreo de Colombia a medida que aumentado la cooperación han disminuido esas trazas ilegales.

•Presidente Correa, no queremos las vías de hecho. Lo que dijimos en Santo Domingo lo debemos cumplir. Lo que pedimos es que nos ayuden no como pretensión hegemónica sino como una necesidad. Espero que podamos tener canales diplomáticos efectivos con todos los gobiernos a través de los mecanismos expresados.

•Hemos hecho gran esfuerzo en la protección de la frontera. Teníamos 9 mil hombres y hoy tenemos 19 mil hombres en la frontera. Con delicadeza hemos administrado los incidentes en esa frontera extensa.

•El Ecuador reclamaba porque Colombia fumigaba en territorio ecuatoriano porque causaba daños, nosotros consideramos que no. Con su antecesor aceptamos no volver a fumigar en esos 10 kilómetros de territorio colombiano a partir de esa frontera. En poco más de un año las FARC sembró droga allí…

•Tuvimos que reanudar las fumigaciones. En nuestro primer encuentro le dije que una vez de fumigar esas 5 mil hectáreas no se haría más y así se ha hecho.

Cristina Fernández, Presidenta de Argentina

•Yo creo presidente Uribe que lo primero es poder leer el acuerdo sobre las bases militares, en términos puntuales y concretos, no estamos hablando de conceptos religiosos ni filosóficos con respecto a loas bases; estamos hablando de verificar los aviones, las armas, ya sea para combatir una guerrilla o combatir el narcotráfico.

•Debemos sentar doctrina en UNASUR acerca del establecimiento de asentamiento de tropas que no sean de países de la región, no solo las bases de EE.UU. en su país.

•Si nosotros pudiéramos establecer en reglas generales estos mecanismos, acerca de los cuales usted hace referencia, estaríamos contribuyendo a la paz en la región y a que Colombia pueda combatir con eficacia el narcotráfico.

•Lo de Honduras, Presidente, no es un caso menos. Allí secuestraron a un presidente, y ahora ni siquiera aceptan la mediación del presidente Arias, de quien nadie puede pensar que está tirando para el lado de Zelaya, ni mucho menos…

•Si en un país vecino se instalaran bases, yo, por lo menos, me sentiría insegura. Debemos conciliar su deseo como presidente a que usted elabore su proyecto de cooperación con EE.UU. y debemos lograr que ese acuerdo no vaya a afectar la seguridad y la institucionalidad de sus vecinos países.

Hugo Chávez Frías, Presidente de Venezuela

•Aspiro a haber dado paso a la integración verdadera entre hermanos, entre Colombia y Venezuela. Solo eso, no voy a caer en provocaciones, ni contestaré la montaña de mentiras.

•El cardenal de Honduras dijo que habían dado un golpe, pero "salvamos a Honduras de Chávez". Han creado un fantasma, Chávez pues. Chávez anda metiendo las manos en todas partes.

•El canciller de Israel dijo que ya hay cédulas de Hézbollah en Venezuela. Se ha venido confirmando un imaginario para confirmar una agresión contra Venezuela y los planes existen, de invasión a Venezuela y de asesinato al Presidente de Venezuela.

•Capturamos casi a 200 paramilitares colombianos en Caracas, listos para atacar al Palacio de Gobierno. De mí que se diga lo que se quiera, no hago caso, ya no me afecta, ya me curé. Lo que quiero es que mi país sea libre y que podamos unirnos.

•Se ha pedido al gobierno de Colombia que se nos haga llegar el documento oficial del acuerdo con Estados Unidos. Hay versiones donde se hablan de la tecnología que vendrá a esas bases.

•Tengo un documento acá, que salió publicado, no es un descubrimiento mío, salió en el Diario El Tiempo, de Colombia. Están 20 puntos que contiene el acuerdo.

•El día del golpe de Estado helicópteros de Estados Unidos aterrizaron en Maiquetía en Venezuela. Estados Unidos pasó por encima de Naciones Unidas y atacó a Iraq. ¿Quién le va a creer a ese imperio?

•Mientras esto no se aclare tenemos que rechazar la pretensión de Estados Unidos de instalar las bases militares en Colombia.

•Desde Venezuela, a nombre del pueblo venezolano, le pedimos al gobierno de Colombia que revise esa decisión porque nos afecta a todo. Si se instalan las bases nadie ni el Presidente de Colombia ni el que venga después va a garantizar la paz. La semilla de la guerra va a quedar sembrada.

•Termino proponiendo que el Consejo de Defensa de UNASUR nombre una comisión que, aún cuando sabemos que no es fácil la solución, comience a visualizar lo que pudiéramos llamar una iniciativa de paz para Colombia.

•Estamos de acuerdo con activar el Consejo de Defensa de la UNASUR. No tengo ningún problema de mostrar aquí y ante el mundo lo que hacemos con China, Rusia o Irán, tenemos acuerdos de cooperación con Rusia. Ratifico la voluntad del gobierno y pueblo de Venezuela para seguir apoyando a la integración de nuestra querida UNASUR

Evo Morales, Presidente de Bolivia

•Antes de UNASUR había pocos conflictos en Suramérica. Cuando surgía un gobierno apoyado por el pueblo, recibía un golpe de Estado. Quieren atacar el eje del mal ahora desde Colombia.

•No habrá integración hasta que no acabemos con las bases militares de Estados Unidos.

•Si no hay acuerdo para firmar un documento donde rechacemos las bases militares, consultemos a nuestros pueblos y que ellos decidan si quieren bases o no en el continente.

•Uribe nos ha reiterado que no hay bases militares en Colombia. Que haya confianza y que ese Consejo vaya a investigar si es base o no es base. Aprobemos entonces que no se permitirán bases militares en el Continente, problema resuelto.

Luiz Inacio Lula Da Silva, Presidente de Brasil

•Si hubiéramos empezado por el final, ya hubiera acabado la reunión.

•Dije que no creo en una reunión con la televisión trasmitiendo en directo, con cada uno hablando a su público. Lo que interesa al público es el resultado. No tenemos el derecho de estar el día entero discutiendo sobre dos temas….

•Vamos a poner a todos nuestros Ministros de Defensa para que discutan esto y creo que si un Presidente intenta imponerle a otro su verdad, nosotros no vamos a tener un documento y lo que me preocupa es lo que va a salir en la prensa mañana sobre esta reunión.

Rafael Correa, Presidente de Ecuador

•Solo he participado una vez en la discusión. Vine preparado para debatir el día sobre esto. A mí lo que menos me interesa es lo que diga la prensa mañana, sino que adoptemos criterios para mañana. Creo que para esto nos eligieron los pueblos, para lograr la integración en América Latina

http://www.cubadebate.cu/especiales/2009/08/29
/no-a-las-bases-militares-en-latinoamerica-
consenso-de-unasur

Pura agresión criminal sin ninguna justificación

Por Noam Chomsky

Fuente:
http://www.commondreams.org/newswire/2010/
06/02-8

Traducido para Rebelión por LB

El profesor Noam Chomsky, prestigioso analista de política exterior y autor del best seller Hegemonía o supervivencia y, más recientemente, de Esperanzas y Perspectivas (Haymarket Books), realizó las siguientes declaraciones al diario egipcio Al-Ahram en relación con la justificación dada por Israel a su ataque contra las embarcaciones que transportaban ayuda humanitaria a Gaza y, en un contexto más amplio, sobre el bloqueo económico que los activistas a bordo de la flotilla humanitaria trataban de romper. Chomsky, que es judío, fue detenido recientemente por funcionarios de fronteras israelíes que le prohibieron entrar en Cisjordania para impartir una conferencia programada con antelación, lo que provocó un debate internacional e indignación en Israel en torno a la cuestión de la libertad de expresión.

Secuestrar embarcaciones en aguas internacionales y matar a sus pasajeros es, por descontado, un delito grave. Los editores del diario londinense Guardian están en lo cierto al decir que "Si un grupo armado de piratas somalíes hubiera abordado ayer a seis buques en alta mar, matando al menos a 10 pasajeros e hiriendo a muchos más, una fuerza expedicionaria de la OTAN ya estaría surcando las aguas rumbo a la costa somalí".

Merece la pena recordar que el delito no es nada nuevo.

Durante décadas Israel ha venido secuestrando barcos en aguas internacionales entre Chipre y el Líbano, matando o secuestrando a pasajeros, a veces trasladándolos luego a cárceles israelíes, incluso a prisiones/cámaras de tortura secretas, y manteniéndolos a veces como rehenes durante muchos años.

Israel asume que puede perpetrar esos crímenes con total impunidad porque los EEUU se los tolera y porque Europa respalda normalmente las decisiones de EEUU.

Lo mismo ocurre con respecto al pretexto esgrimido por Israel para justificar su último crimen: que la Flotilla de la Libertad transportaba materiales que podrían utilizarse para fabricar búnkers para cohetes. Dejando de lado lo absurdo del argumento, si Israel estuviera realmente interesado en detener los cohetes de Hamas, sabe exactamente lo que debe hacer: aceptar las ofertas de alto el fuego de Hamas. En junio del 2008 Israel y Hamas llegaron a un acuerdo de alto el fuego. El gobierno israelí reconoce formalmente que hasta que Israel rompió dicho acuerdo el 4 de noviembre invadiendo Gaza y matando a media docena de activistas de Hamas, la organización palestina no disparó ni un solo cohete. [Tras la ruptura,] Hamas ofreció renovar el alto el fuego. El gabinete israelí consideró la oferta y la rechazó, prefiriendo lanzar su asesina y destructiva operación Plomo Fundido el 27 de diciembre. Evidentemente, no hay justificación para el uso de la fuerza "en defensa propia" cuando no se han agotado todos los medios pacíficos. En este caso ni siquiera se intentaron, a pesar de que —o tal vez debido a que— había muchas razones para suponer que tendrían éxito. La operación Plomo Fundido fue, por consiguiente, una pura agresión criminal sin ninguna justificación creíble, y lo mismo puede decirse del empleo de la fuerza realizado por Israel contra la flotilla humanitaria.

El asedio de Gaza en sí mismo no tiene la más mínima justificación creíble. Fue impuesto en enero del 2006 por EEUU e Israel para castigar a los palestinos por haber votado "al candidato equivocado" en unas elecciones libres, y se intensificó gravemente en julio del 2007 cuando Hamas derrotó una intentona patrocinada por Estados Unidos e Israel para derrocar al gobierno elegido mediante una golpe militar destinado a instalar en el poder [en la Franja de Gaza] al hombre fuerte de Fatah, Muhammad Dahlan. El bloqueo es salvaje y cruel, está diseñado para mantener a los animales enjaulados apenas con vida, lo justo para aplacar las protestas internacionales, pero poco más. Es la última fase de los planes israelíes de larga data, respaldados por los EEUU., para separar Gaza de Cisjordania.Estos son apenas los rasgos generales de unas políticas muy feas de las que también Egipto es cómplice.

INDICE

80...Latinoamérica, consenso de UNASUR

114..Pura agresión criminal sin ninguna justificación